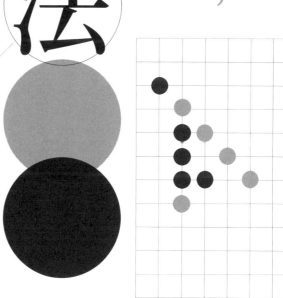

# 人生無極限，孫子兵法打造你的全勝思維

吳順令 著

〈專文推薦〉

# 努力創造自己的舞台，改變自己的命運

侯崇文

好友吳順令教授，也是臺北大學多年同事，最近完成大作《人生無極限，孫子兵法打造你的全勝思維》，因我剛出版了犯罪社會學相關書籍，和此著作很有關聯，特邀我作推薦。吳教授熟讀中國文學，精通文史，融會貫通，將知識與當代社會融合，這是本社會學，人生哲學，也是企業管理學，成功地給了我們為人處事的許多指引，更是企業建構藍海策略，追求競爭力不可不讀的一本書。

《人生無極限，孫子兵法打造你的全勝思維》，吳教授以放牛班學生為例，告訴我們，只要努力，一定可以拿錦標，走出精彩人生。吳教授是位教師，深刻體認教育在於改變人，激發潛能，讓人更好，這是教育的本質，也是教育工作者的使命，故希望這本書從這目的出發，讓我們每個人都能夠超越自己，使不可能成為可能，尤其是讓那些弱勢者，被欺壓的，不敢抬頭的，能勇敢地抬起頭來，只要他們夠努力，就可以超越自己，走出自己一片天。

我自己應該就是「人生無極限」很好的例子，來自嘉義鄉下，小學成績並不好，但還是因著自己的努力，力爭上游，出國留學，完成了博士學位，而逐步走出自己的路，也在此勉勵大家。的確，人的生命歷程並非永遠，一個人的一生會出現許多變化，有的由壞變好，有的則由好變壞，這些轉變一直在人的身上發生，並非如心理分析學者所說的，小時候的經驗就決定人一生的大半輩子。這種成長過程的變化，社會學者稱之為「生命歷程轉換」，也告訴我們，人的一生充滿許多生命歷程的機會與挑戰，吳教授的這本書則要我們正向思考，用自己的努力來創造自己的舞台，改變自己的命運。

我讀社會學，社會學的第一課就是生活、適應，這是歐洲社會學的核心，由史賓賽（Herbert Spencer）的適者生存法則開始了人類社會的研究；生活、適應也是美國芝加哥學派社會學的重心，主要在探討人類都市社會競爭過程、結果與影響，這些都和吳教授在書中提到的理念一致。吳教授強調：人的一生，有許多困難，我們一路走來，會有許多無助，可能是社會制度造成的無助，也可能是競爭下的無助，或大環境改變的無助，這就是生活與適應的問題，是人類要面對的第一個功課，也是不能逃避的功課，只是，如何解決這生活與適應的問題，我是從社會學知識中找答案，吳教授則是從古典軍事名著《孫子兵法》中找答案，其實我們很多想法是相通且不謀而合的。

讀了《人生無極限，孫子兵法打造你的全勝思維》後，我看見四個重點，是邁向成功的要素，在這裡和大家分享。

第一、影響人一生的，還是態度與觀念。孫子說：「在戰爭面前，請收起你輕蔑的態度，你才有資格詢問戰爭。」也就是說，態度不對，就無法贏得戰爭，尤其面對各種競爭，我們要有必勝、全勝的決心，如此，就沒有打不贏的戰爭。企業管理也常說，態度決定人的高度，只要我們態度對了，就能掌握自己的未來，立於不敗之地。社會學也強調態度與價值觀的重要，這是古典社會學者韋伯（Max Weber）行動論的主張，他說人類給予其行動一個理性的定義，這可以很有力量，可以影響你自己，你的社會關係，以及你的未來。價值觀、態度關係著你的一生，而自信更是支撐著成功的關鍵。

第二、道就是刀與劍。孫子所談的兵法強調要以「道」作為基礎，「道、天、地、將、法」這是其戰略思想。道是一種信仰、價值、是非對錯觀，是為人處事，政策決定之依據，而如果是戰場上的將軍，有了道，有好的個人修養，做戰略決策時將會處變不驚，不急不躁，可以贏得勝利，所以，道是致勝工具，是刀與劍。而就社會學而言，道是一種凝聚共識，凝聚共同情感的力量，它不是來自個人軀體一種自私的、本能的東西，道是社會性的、利他的，是一種能夠引導大家的共識和共同情感，讓多數人接受的力量，道也在於促使文化、社會制度發揮功能，成就勝利的關鍵因素。

第三、實踐才有改變現狀的機會。《孫子兵法》強調實踐與行動，成功的路是努力得來的，不是想出來的，只有真實去做、去執行，並配合戰略思維與技巧才能取勝，這就是實踐的力量。簡單地說，理論必須屈服於行動之下，只有真實的行動，才有改變現狀的機會。如果你天天研究投資、了解投資，也知道如何投資，但沒有行動，這樣你還是在原地踏步，滯留原地。我長期協助教育部推動防制霸凌工作，期間我提出「和解圈」的做法，就是事件的當事人和相關人，大家圍個圈圈對話、解決問題。我曾經以實際行動成功幫助一位中輟生，當時，我主動邀集對話，請了那位中輟生的監護人，他的班級導師，以及兩位同學，校長出席會議。過程中，這位中輟生沒有講太多話，他只是低下頭，眼淚一直掉，但我知道，這位中輟生知道對錯了，且也在這樣對話的過程中，找到支持的力量。後來，校長告訴我，這位同學已回到學校，完成了學業，後來升學時也進入理想學校，積極表現自己。如果我當時沒有行動，可能就看不到這位中輟生的改變。

第四，最後，也是最重要的，要有愛。吳教授在書中說：「沒有愛，不成世界」。孫子對戰爭提出三問，其中的「一定要打才會贏嗎？」，告訴我們，如果能用更為開闊的心胸原諒、寬恕，並化解衝突，就可以帶來更多可能性，然後立於不敗之地。教育上，面對學生間發生的違規或衝突，我們可以用嚴格的管教，例如：記過懲罰，或者我們可以忽略不作為，也可以無條件地支持、放縱，但教育專家告訴我們，最好的方法是重建與修復衝突當事人的關係，也就是用愛來改變，用愛為每個人帶來更大的可能。我離開臺北大學校長工作後寫了《校園中的愛》，我想要告訴大家，校園中要有愛，要看到愛，這是我治校最重要的理念，愛是學習的基礎，是教育的核心價值，校園有了愛，學生才有學習的可能，沒有愛就沒有學習。我們要用愛來參與這世界，贏得這世界。

吳教授用《孫子兵法》告訴我們如何生活，如何制勝，我用我的社會學眼睛看到四個重點：第一，影響人的一生，還是人的態度與觀念；第二，道就是刀與劍；第三，實踐才有改變現狀的機會；最後，也是最重要的，要有愛。相信《孫子兵法》還有很多充滿價值的思考，也有許多可運用之處，希望吳教授繼續鑽研，讓我們認識更多《孫子兵法》的時代運用。

這本書是吳教授一生的精華，智慧的成果，也是一本正向思考勵志之書，本書還具有歷史與文學價值，值得擁有，也鼎力推薦。

（本文作者為前國立臺北大學校長）

〈專文推薦〉

# 沒有《孫子兵法》克服不了的人生戰役

林家振

世界海軍戰史上的經典教材，近代史上第一次亞洲人打敗歐洲人、第一次黃種人打敗白種人、第一次亞洲農業國打敗工業革命後的歐洲工業列強，終結於一九〇五年對馬海戰的日露戰爭（日俄戰爭），戰程中種種令戰史學家與軍事家翻轉專業知識的逆轉情節，都指向了當時日本帝國領導海戰與陸戰的各級將領，雖然都是明治政府選赴美國、英國、法國、德國、俄羅斯等先進國留學，也是當時足以進入東京帝國大學就讀的時代菁英，對《孫子兵法》的精確掌握與應用。

中國春秋時代，在求師鬼谷子的路上結拜為兄弟的孫臏與龐涓，由於鬼谷子看穿兩位師兄弟內心的正邪善惡，在龐涓提早下山後，才以孫武為孫臏先祖的傳承理由，將龐涓也是當代其他策士朝思暮想的《孫子兵法》傳與孫臏，即使後來孫臏下山後受龐涓臏刑近乎半殘，並在龐涓監視下流落市井撿拾殘羹剩飯，但仍因巧妙運用《孫子兵法》，安然遁走齊國後，在圍魏救趙策略下，拯救趙國，繼而實現當年與龐涓的結拜誓言，讓魏國駙馬兼大將軍龐涓「夜走馬陵道、萬箭穿心」。

據日本學者考證，《孫子兵法》係八世紀於唐帝國留學的吉備真備攜回日本，並經歷代漢學家與兵學家多所評註解析。日露戰爭的準備期，曾經擔任過台灣總督並長眠於台灣的明石元二郎，就巧妙地使用《孫子兵法》「用間」，在帝俄後方鼓舞各受帝俄壓迫的民族反抗沙皇，不但讓帝俄內外交迫，分心戰事，在戰爭中促成受帝俄壓迫的猶太家族羅斯柴爾德（Rothschild family），慷慨解囊認購於倫敦發行的日本戰爭公債，補上日軍的緊急金援，並成為日後的歐陸首富，更埋下蘇維埃革命，推翻帝俄沙皇的種子。日本海海戰前，世界海軍公認的海軍戰神東鄉平八郎，率領帝國聯合艦隊從佐世保軍港出發前特地攜帶《孫子兵法》隨行，精準判斷露國艦隊既不走津輕海峽，也不會經過宗谷海峽，於對馬海峽以《孫子兵法》之「以逸待勞，以飽待飢」，以T字形戰法近乎全殲歐洲最強之俄羅斯波羅的海艦隊。

在關鍵的陸戰上，慘烈的清國旅順軍港旁二〇三高地之戰，日軍的慘重傷亡，讓我們體會到《孫子兵法》所述仰攻的困難，與俯攻的先天優勢，但陸軍攻下二〇三高地後迅速建立砲兵觀察所，全殲旅順港內的俄羅斯太平洋艦隊，又讓我們體會到孫子所述「通、掛、支、隘、險、遠」，六種地形搭配六種敗因的巧妙之處。偕同第四任台灣總督兼關東軍參謀長兒玉源太郎攻下二〇三高地的第三任台灣總督乃木希典將軍，更於戰後以私費出版素行的「孫子諺義」贈友。

很幸運地生於現代的我們，不用龐涓的用盡心計，巧取豪奪，也不用親炙傳奇人物鬼谷子，就有機會看到吳順令博士的大作《人生無極限，孫子兵法打造你的全勝思維》，只讀原文沒有註釋的孫臏可以圍魏救趙，間接看翻譯本的日本將領們可以擊敗當代號稱不可戰勝的哥薩克兵團和波羅的海艦隊，那可以拜讀學習以熟悉語言，又有精彩演繹分析的吳博士作品的我們，又有什麼克服不了的人生戰役呢？

（本文作者為台新金控台新證券董事、美國Andra Global私募基金合夥人、台灣大學商學研究所兼任教授、台灣大學科技政策與產業研究中心研究員）

〈專文推薦〉

# 最深奧的兵法書

周俊勳

本書作者吳順令老師是我太太圍棋學生的家長，有緣進一步認識之後才發現吳老師學識淵博、出口成章令人敬佩；後來我很幸運地有機會每週和吳老師學習書法，每一次的書法課除了學習毛筆的運用及不同書帖的臨摹外，更會和我聊到許多古今中外的歷史故事，透過這些故事和我分享人生道理，更點醒我一些看不破的盲點。

我從小就很喜歡看與歷史相關的戰爭故事，尤其是春秋戰國、三國的故事都深深吸引著我，看著這些故事，我最崇拜的就是在背後籌謀劃策的軍師，其中我最喜歡諸葛亮和劉伯溫，這次閱讀吳老師的《人生無極限，孫子兵法打造你的全勝思維》後，才發現原來還有比諸葛亮和劉伯溫更偉大、更厲害的戰略家。

雖然我這幾年因為擔任圍棋精銳隊總教練後，已經比較少參加比賽了，如果還是選手的話，就可以把《孫子兵法》融會貫通用在圍棋比賽之中，一定可以提升勝率。

我從七歲學棋，十四歲渴望成為最優秀、最強的職業棋士。在黑白的世界裡，目標確定了，就是全力以赴，但常常會陷在失誤的懊惱中，以致無法專注，而失去優勢；本書提及孫子說：「計利以聽，乃為之勢」，目標、計畫、完全接受、全心全意的專注，無論過程如何，都不要排斥，持續專注在目標，創造自己的優勢，真是很好的提醒！

《孫子兵法》是中國歷史上最深奧的兵法書，吳老師用中外知名的人物、淺顯易懂的方式來解釋《孫子兵法》的奧義，並且帶到人生的層層關卡，更容易讓人理解其中的意涵。這本書適合已經成功的人細細品味，更適合還未成功的人深究學習，用《孫子兵法》來開創新的思維，希望每一位朋友看完此書後能更接近你的成功目標。

（本文作者為紅面棋王）

# 序

人生苦不苦？想通了就不苦；人生難不難？有本事就不難！

從小就喜歡看美國西部拓荒的電影，那個騎在馬背上，神情白若的男主角，以俐落的槍法撂倒惡霸，然後配上一首輕鬆又略帶淒美的音樂轉身離開，我常覺得那是生命最瀟灑的身影。長大一點，迷上李小龍，沒有多餘的台詞，只有一身可以打抱不平的真本事，把那被強權欺壓的悶氣一掃而空，真是暢快無比。

大學畢業第一年到國中任教，帶的是一班「放牛班」，他們的眼神告訴我：我們就是不如人的一群。有一次，我問他們想不想升學？有七、八個同學怯怯懦懦地舉起手，你知道嗎？他們連舉手都不敢舉高，我說，從今天開始，你們和升學班的同學一樣，晚上也到學校來晚自習，老師陪你們，他們受寵若驚，掩不住內心的喜悅。第一天，我傍晚六點準時到校，遠遠地看到教室裡彷彿若有光，我不太確定他們有沒有準時來，等到我走近一看，才發現他們七、八個都來了，但是擠在一起，只開一盞燈，我問他們為什麼不多開幾盞，他們說，老師，一盞就夠了，看看對面升學班燈火通明的教室，我忍不住眼眶紅了，當下決定，要讓他們找回應有的自信，要他們相信：只要我努力，我一定可以。

當時學校每週都有整潔和秩序的比賽，只要連續六週冠軍，就會有一面錦旗永遠掛在教室後面，我決定從整潔下手，我告訴他們我的想法，然後大家開始動手，重新粉刷牆壁，地板刷洗打蠟，修補桌椅，然後仿效排隊隊形，在地上用油漆畫上記號，保證桌椅可以對齊，然後訂下維護教室整潔的規章，一切就緒，果然，第一個禮拜就拿到冠軍，而且接下來連續五個禮拜都是冠軍。到了第六個禮拜，我心中開始有點忐忑，心裡想著：拜託，千萬不要功虧一簣，只要再一次，我們的教室就會永遠有一面錦旗了！星期六，最後一天了，我終於按捺不住，跑去問當週的評分老師，他說：「你們班很棒，第一名！」我高興地跳了起來，馬上跑到校長室，請求校長，下禮拜週會頒獎，一定要好好鼓勵我們班，校長拍拍我的肩膀說：「放心，一定會，一定會。」我永遠記得那一幕，當校長在司令台誇獎我們班的時候，面對四面投射過來的眼光，他們低著頭，很高興又不好意思的表情。

人生一路走來，類似的場景不斷上演，無助的聲音越來越多，不再只是社會制度造成的無助，更多的是競爭下的無助，還有大環境改變之下的無助，讓人擔心的是這些無助的人，找不到解決的辦法時，慢慢地產生自暴自棄的心理，最後形成一種不再抱任何希望的人生態度，再也看不到生機。這讓本來教自己最喜歡的《老》、《莊》，談談美學，也能自得其樂的我，再也快樂不起來，心裡總覺得不安，於是我開始從《孫子兵法》找答案。

我會注意到《孫子兵法》，就是他的「自信」，他面對競爭，開口閉口就是「先勝」、「易勝」、「必勝」、「全勝」，在他的眼裡，好像沒有打不贏的戰爭，沒有解決不了的問題。不只如此，他還提高聲量，說將軍可以「為民司命」和「為敵司命」，就是說將軍能主宰國家百姓的安危，還能掌握敵人生死的命運，這種「由我主宰」的戰場，簡直就是神的等級，這種自信深深地吸引了我，這是人生保證班，是無助現代社會的一帖良藥。

司馬遷為孫子作傳時也看到了孫子這個特點，他說：「與道同符，內可以治身，外可以應變，君子比德焉。」（《史記．太史公自序》）他說孫子所談的兵法與「道」是一致的，不但能修身養性，安頓自己身心，還能夠面對外在的競爭，因應環境的改變，很值得想要有一番作為的人學習效法。

怎麼學習效法呢？《孫子兵法》內容豐富，字字珠璣，往往隻字片語都能讓人受到啟發，「知彼知己者，百戰不殆」，「勝兵先勝而後求戰，敗兵先戰而後求勝」，「故善戰者，立於不敗之地，而不失敵之敗也」……，只要參透其中一兩句話，往往就能掌握到成功的祕訣，而在事業上飛黃騰達，所以《孫子兵法》就像一座寶庫，取之無禁，用之不竭，是很多人取經的對象。

但是《孫子兵法》是一個思想體系，必須通盤地了解，才能吸收到它博大精深的思想，才能得到最大的好處。如果只是擷取隻字片語，非常可惜，甚至容易產生誤解，譬如「兵者，詭道也」這句話，就讓《孫子兵法》一直被誤認為是強調詐術的一本書，也有人認為《孫子兵法》像一本天書，充滿神祕感，這些都是誤解了《孫子兵法》。孫子雖然談詭道，但那是不得已；孫子思想的確神妙，但不是神話，這都必須整體地了解之後才能體會。

整部《孫子兵法》有十三篇，其安排很巧妙，前三篇〈計篇〉、〈作戰篇〉、〈謀攻篇〉是孫子的戰爭觀，這三篇是孫子思想的骨架，接下來的篇章是實戰演練，是孫子思想的血肉。必須先有骨架，血肉才有安排處。很多人學習兵法，會跳過戰爭觀，直接學習實戰演練，這會有見樹不見林的危險。為了避免這個問題，讓讀者能本末兼顧，本書以前三篇來貫串整部《孫子兵法》，把其他篇章的實戰演練安排在其中，這樣大家在閱讀的時候，就會有一個整體觀，能高屋建瓴，而不會捨本逐末了。

《孫子兵法》的前三篇，對戰爭問題提出三問，這三問就像三根大柱子，建立了一個穩固的思想系統，讓我們看到孫子思想的宏觀與無窮願力的生命情懷。

第一問：「怎麼打才會贏？」這是面對競爭首先要考慮的問題，孫子提出八項檢測指標：問題的定義、戰爭的準備、敵我的比較、選將、目標設定，到執行、詭道的運用，以及整體評估，來綜合判斷是否可以打贏一場戰爭，我在第貳部「成功路徑圖是走出來的，不是想出來的」說明。

第二問：「贏的代價是什麼？」這個提問的重點是兩面思考，萬物都是陰陽的合體，都有兩面性，所以思考問題一定要正反兩面看，看到「利」，就要想到「害」，因為「利害」像雙胞胎，會一起出現。所以經過第一步的確認「我會贏」之後，馬上要想到贏要付出的代價，會贏不見得就有利，可能付出的代價更大，得不償失的勝利，不能要。所以孫子提醒我們要在第一問之後，冷靜下來，從反面思考，再做最後決定。這個觀念我在第參部「反面思考比正面思考更有價值」說明。

第三問：「一定要打才會贏嗎？」這一問是超越對立的思考，希望找尋一條能化解衝突、不要打的路，跳出本位主義，從求全不戰的角度切入的思維，這是一個更具挑戰性、更開闊的領域，讓我們從習慣的對立思維中翻越上去，看到一個未開發的處女地，孫子這一提問，除了提醒我們要避免慣性思考的盲點外，更重要的是鼓勵我們激發生命的潛能，為人類的未來提供了化解衝突的更多可能性。我們心胸越開闊，問題就越少，而能想出的辦法就越多。這一個觀點，我在本書的最後一部「沒有愛，不成世界」說明。

這三問，提供我們思考問題的三個重要路徑，除了能順利找到解決問題的方法之外，也能冷靜評估正反兩面的利害，避免一廂情願，而做出後悔的決定。而且還能開闢不同的思維，激發我們的潛能，找到更多解決問題的可能性。

有實力解決問題，卻始終懷抱求全不戰的理想，這就是孫子「全勝思維」的精髓。每個人的一生都會有無數的問題必須解決，但是不管大小輕重，透過孫子的啟發，只要能掌握處理問題的原則，和一份願意改變的心，我想天下難事應該都可以迎刃而解。如果這本書能讓你膽子變大一點，信心多一點，不再怕困難，願意面對問題，我就心滿意足了。

這本書能順利出版，要感謝商周程總編的鼓勵與提供寶貴的意見，還要感謝我的學生宜蓉，她扮演一個讀者的角色，在每一篇完成之後都會提供另類的思考，如果大家讀起來覺得不會有距離感，這就是她的功勞，而太太則是扮演先讀為快和校訂文字的角色，她閱讀後的表情會決定每一篇的命運，感謝這三位的幫忙，讓我對《孫子兵法》的一點心得能提供出來和大家分享。

# 目錄

Contents

# 第壹部

# 你要的是一個位置，還是一個未來？

人沒有辦法選擇出生的地方，但人可以選擇發揮自己的舞台。是大鵬鳥就要高飛九萬里，是大魚就不會安於小池塘。

孫子名武，春秋時代齊國人，但卻在吳國發光發亮，你會問，春秋霸主不是齊國嗎？晏子說齊國臨淄的人多到「張袂成陰，揮汗成雨」，齊國是當時的世界中心，難道不是最好的發展舞台，為何孫子偏偏要跑到一個南邊的小國吳國求發展，很不合常理。

而且，孫子不只是身居當時的世界中心，他的家世也非常顯赫，祖父孫書是武將，父親孫憑是文官，祖輩族人田穰苴被齊景公封為大司馬，在齊國，田、鮑、高、國四大家族中，勢力是最龐大的一族。這樣的家世背景，再怎麼說，都屬於人生勝利組，在齊國要飛黃騰達，應該不是難事。

但是，凡事一體兩面，看似一片大好前程的背後卻是暗潮洶湧，在權力的驅使下，四大家族惡鬥，尤其田穰苴的戰功，激起其他三族的危機感，在齊景公面前挑撥，田穰苴終於被免官而死。看到齊景公的是非不分與狹小器量，敏銳聰明的孫子察覺到一場腥風血雨即將到來，他知道，這不是他安身立命的沃土，他當機立斷，決定要離開齊國，另謀發展。

以當時的國際大勢，春秋五霸去掉齊國，還有楚國、晉國、宋國、秦國幾個大國，吳國只是個南蠻小國，孫子竟然選擇這個地方落腳，的確出人意表，他應該是看到了吳王的企圖心與求才心切。據《吳越春秋．闔閭內傳》描述：「闔閭元年，始任賢使能，施恩行惠，以仁義聞於諸侯。仁未施，恩未行，恐國人不就，諸侯不信，乃舉薦伍子胥為行人，以客禮事之而與謀國政。」有心就有力，他判斷，這是一片待開發的處女地，這就是他的戰場，一個可以恣意翻騰的大海。

## ❖面試大戲上演：吳宮教戰

透過伍子胥的推薦，孫子把寫好的十三篇兵法獻給了吳王。吳王閱罷，如獲至寶，急著想要見見這位軍事奇才，於是在吳宮安排了一場面試。

據司馬遷《史記．孫子吳起列傳》的記載，這場面試，不是口頭問答，也沒有筆試，而是真槍實彈的演練，吳王闔閭想測試一下孫子，是真有本事，還是只會紙上談兵。於是對孫子提出一個要求，要他在吳宮實際演練兵法，而且給他一個難題，演練的對象是宮中一百八十個婦女。孫子二話不說，接受了這樣的面試方式，於是一場驚心動魄的吳宮教戰就展開了。

司馬遷《史記．孫子吳起列傳》寫孫子的部分總共四〇六字，其中寫孫子戰功的只有二十字，其他就集中寫這場吳宮教戰，可見這場吳宮教戰的戲碼多麼吸引人，讓大史學家司馬遷願意不顧一切地刪掉孫子其他人生篇章，就只看這場面試大戲，中國歷史上的君臣面試，其精彩程度，恐怕無人能出其右了。

演練開始，孫子把這一百八十個宮女分成兩隊，以吳王兩個寵姬為隊長，並發給每個宮女一支長戟做為兵器，首先，孫子叫他們指著自己的心、左手、右手和背部，然後告訴他們，這是代表四個不同的方向，心代表的是前進的方向，左手代表的是左邊的方向，右手代表的是右邊的方向，背代表的是後退的方向。孫子交代完畢，演練就開始，孫子怕這些宮女沒有記清楚，所以把號令重複了三次，叮嚀不可犯錯。並把斧鉞等刑具搬出來，準備對不守紀律的人按軍法處置。看似簡單地交代幾個動作，但已經可以感受到戰場上的肅殺氣氛。

一切就緒，孫子發出第一道向右看的號令，沒想到這群養在深宮之中的婦女，從來沒有看過這種場面，也沒有意識到這是戰場的演練，以為是一場宮中的遊戲，大家笑鬧成一團，孫子見狀，並沒有馬上軍法處置，而是再給大家一次機會。他說：「約束不清楚，教令不熟悉，這是將軍的錯，現在，我再把教令重複一遍，大家聽清楚，不可再犯錯，犯錯就要接受軍法處置。」

三令五申完畢，孫子再下令擊鼓，發出向左的號令，沒想到這群宮女依舊不當一回事，繼續笑鬧成一團。孫子板起臉孔，對一百八十個宮女訓斥說：「第一次犯錯我來承擔，第二次號令已經很清楚，你們卻不遵照執行，這就是你們的錯了。」軍中犯錯，就必須接受軍法處置，於是把兩位隊長，也就是吳王寵姬，拖出來，準備問斬。「吳宮教戰」這齣戲碼，醞釀許久的高潮出現了，本來在上面悠哉悠哉看好戲的吳王，臉色大變，嚇得從座位上跳了起來，趕快叫身旁的人傳令下去，請求孫子說：「我已經知道將軍會用兵了，請你高抬貴手，不要殺他們，我沒有這兩個寵姬，可是食不知味啊！」瞬間，主客易位，一個接受面試的人竟然逼得主考官求情。

第一道難題出現了，孫子要不要手下留情？老闆跟你求情，你要不要賞臉？不賞臉，後果會如何？你怎麼衡量？很多面試者，在這個節骨眼恐怕不敢違抗主試者的要求，給個台階下就是了，再原諒一次，或乾脆找一個替代的方式，譬如「斷髮代罪」之類的把戲，應付過去就算了。

但是，孫子不買帳，還義正詞嚴地對吳王說：「您既然任命我為將軍，那麼就應該遵守戰場規矩，戰場的規矩就是：『將在軍，君命有所不受』。」說完，一聲令下，兩個寵姬人頭落地。吳王跌回座位，收回了看戲的心情。孫子繼續演練，馬上遞補第二人選為隊長，再次擊鼓發出號令，這一次，這群宮女不論前後左右，跪地起立都中規中矩，再也不敢嬉笑打混。

孫子演練完畢，請吳王下來驗收校閱，並自信地對吳王說：「這支軍隊已可以為您赴湯蹈火，完成您所要求的任務。」但吳王並沒有從校閱臺走下來，只有揮一揮手，叫孫子收兵，回賓館休息。孫子看到吳王的態度，失望地說：「原來國君只是喜歡我的軍事理論，並不是真心想讓我付諸實踐啊！」孫子這句話有激將的味道在裡面，他當然知道吳王現在的心情，但為了吳國的霸業，為了自己的未來，他都必須在吳王的傷口灑鹽，必須再賭一次，他要測試吳王的底線，好決定是否留下來。

幸好，吳王經過心情的沉澱，恢復了理智，知道孫子果然會用兵，於是馬上任命他為將軍。此後，孫子幫吳王完成了平定西邊的楚國，威震北方的齊國和晉國的大業。

## 當伯樂不簡單：吳王

這場吳宮教戰，我們看到什麼？

首先，看吳王，吳王想要稱霸，需要人才，他從十三篇看到了孫子這個人才，表示吳王識貨，想當年韓信在楚漢相爭的舞台上遊走，項羽看不到，劉邦也看走眼，要不是蕭何，一匹千里馬可能就消失在歷史的洪流了。吳王看到了孫子，就這一點必須肯定他是伯樂。

伯樂的面試有創意，口試、筆試老套沒用，要真槍實彈，而且要練宮女，一群最不像軍人的宮女，不要以為這是鬧著玩的，內行人一看就知道，這是強將手下無弱兵的測試，要測就要徹底，吳王很懂得測試三昧。

當孫子堅持要殺吳王的兩個寵姬時，吳王提出反對，這是人情之常，誰會對自己所愛的人即將被殺而無動於衷，更何況這只不過是一場面試演練，何必當真，更不要說，我是吳王，你是來面試的，連錄取與否都還在未定之天，當然要聽我的話才對，我才是決定者，你不是，至少現在不是。吳王萬萬沒想到，他這一番推論都沒有辦法阻擋孫子的決心，堂堂一個吳王卻救不了自己的寵姬，而且是栽在一個看起來根本什麼都還不是的面試者手上，其心情之沮喪與憤怒可想而知。他本可以殺了眼前這位不受教的面試者，但是他沒有，他坐下來了，靜靜地看孫子繼續練兵，當下，你能不佩服眼前這位吳王的理性和高EQ！

演練結束，吳王沒有下來驗收，揮揮手叫孫子回賓館休息，看起來風度還是不夠，又被孫子搶白一頓，但是吳王沒有生氣，吳王不是不在意驗收，而是他看完孫子的演練，他已心知肚明，眼前這位年輕人，的確是他要的人，他是一個真正能帶兵的大將軍，孫子已經過關，孫子被錄取了，驗不驗收已不重要。

## 我準備好了：孫子

再來看孫子，孫子是來接受面試的人，但跟很多面試者不同的是，他不是來求官的，他是想找一個真正能發展的舞台，所以他是一個被測試者，也是一個測試者，他要測試眼前這位會決定他未來人生的人能不能信任，所以這次面試的底線很清楚，不容許有一絲一毫的模糊空間。

首先，他接受所有面試的形式，他成竹在胸，就如他十三篇的口氣，沒有打不贏的戰爭，沒有解決不了的問題，他自信能面對一切的挑戰。實戰演練，沒問題，練宮女，沒問題，就來吧！第一回合，吳王和孫子打成平手，都展現了霸氣與自信。

練兵開始，孫子熟練地進行基本動作的練習，看起來稀鬆平常的基本動作，卻成為司馬遷浪費筆墨的重頭戲，凸顯了基本動作的重要性，戰場上的作戰能力都是從基本動作開始，就像一個武林高手一定是先蹲馬步，一個圍棋高手一定是先排定石。對孫子來說，基本動作是基礎，更是一種態度。

更重要的是透過這個基本訓練，他要練團體合作、練紀律，《孫子兵法》十三篇的第一篇〈計篇〉談到敵我雙方實力比較的七個項目中，其中就有兩項是關於紀律的部分，一是「法令孰行」，一是「賞罰孰明」，所以孫子開始練兵，看似平淡無奇，卻蘊含重要的戰爭觀念。當宮女不能服從，教令不能實行時，孫子一定要處理，否則軍紀不能維護，戰爭也不用打了，所以違法者當然要斬。

但是斬吳王的寵姬，這不是那麼容易的決定，孫子內心沒有一點猶豫，沒有一絲恐懼嗎？以他只是一個面試者，沒有任何依靠，竟然敢做出這麼大的決定，真的讓人為他捏一把冷汗，但孫子知道，這就是測試，測試就要徹底，沒有模糊空間，要徹底，這個會惹來殺身之禍的險一定要冒，不這樣做，就不能測出吳王的底線，不能了解吳王內心最深處的想法，也不能確知是否可以在未來的生涯當中充分展現自己的作戰理念，如果不堅持原則，這個面試就會是失敗的面試。

其次，他也要告訴吳王，一個將軍的職權必須被尊重，「將在軍，君命有所不受」，這是一個大原則，有權無責與有責無權都不對，皆會影響戰爭的勝負。尤其一個將軍面對瞬息萬變和爾虞我詐的戰場，必須能隨時做出戰略戰術的調整，對戰爭利害的判斷，能有通盤的考量，該進該退，該攻該守，都必須視戰場的變化而定，不能執一不變，所以孫子要讓吳王知道這一點：在政治上的決策，你做主，但當將軍的棒子交到我手上，戰場上的決策就是我負責。殺吳王寵姬，除了捍衛紀律，也在捍衛將軍的權責。

第三點，他要告訴吳王，戰場上的勝負，必須全國上下一條心，國君展現決心，將軍展現能力，士兵展現紀律，三位一體，才能保證打勝仗。如果國君不能犧牲個人的私情，來成全一個軍隊的紀律，那將軍就無法帶兵，士兵也將因無紀律而不能打仗，國君不能犧牲寵姬，就是表示要犧牲紀律，孫子知道今天吳王不能犧牲寵姬，明天戰場上將會犧牲更多無辜的百姓。

第四點，孫子要告訴吳王，我是一個有能力的將軍，而且我也準備好了，就像第二次世界大戰，英軍受到德軍瘋狂的轟炸，邱吉爾（Winston Churchill）領導英國人對抗軸心國的侵略，他說了一句話：「我一生都在為這一刻做準備。」我想孫子也有這樣的自信，所以孫子不妥協，不接受吳王的要求，就是要讓吳王知道，只有這樣才能訓練一支能打勝仗的軍隊，這是一個將軍的責任與本分。孫子最後果真以一支訓練有素，能赴湯蹈火的軍隊，擺在吳王面前，證明了這一點。

## 都是贏家

面試最後，當吳王不願意驗收校閱，再被孫子嘲諷一頓，這是此次面試的另一高潮，如果吳王真的不能放下自己的私情，可能這場吳宮面試就此告終，沒有下文，也沒有孫子後半段的人生了。所以孫子再用激將的嘲諷語氣來點醒吳王，希望他能恢復理性，這招看似傷口灑鹽的險棋，其實張力已弱，因為吳王在寵姬被殺時都沒有動怒，還能把面試進行完畢，表示他早有定見，知道眼前這個人是他未來的事業夥伴，孫子講什麼都不重要了，但是孫子希望能得到一個確定的答案，所以也必須再挑戰一次吳王，只是他不知道這場面試，其實早已結束。

這場吳宮教戰的面試戲碼，逼出了吳王和孫子的潛能，逼出了帝王將相的風采，吳王退，展現了霸王的氣魄與決心，孫子進，展現了將軍的堅持與大無畏，一進一退，都是贏家，這才叫面試，這才叫出場。

面試是交鋒，面試是原則的確立，面試是共同理想的追尋，一場面試，決定春秋，一場教戰，濃縮一本兵法，孫子的面試為我們樹立了典範。

# 第貳部

# 成功路徑圖是走出來的，不是想出來的

石油大王洛克斐勒（John D. Rockefeller）豪邁地說：「如果把我剝得一文不名丟在沙漠中，只要一行駝隊經過，我就可以重建整個王朝！」他的自信來自他心中有一條成功路徑圖。

成功路徑圖，是每一個成功者的思考路徑，是他對人生體悟的軌跡。成功路徑圖是每個成功的人自己努力的成果，不能複製，因為每一個步驟背後都有成功者深厚的人生哲學，就像法國大文豪雨果（Victor Hugo）說的：「即使你成功地模仿了一個天才，你也缺乏他的獨創精神。」但成功路徑圖卻可以學習，你只要徹底了解成功者背後的精神，融會貫通，跟你自己的生命做連結，它將成為你的養分，這就是大科學家牛頓（Isaac Newton）說的：「如果說我看得比別人更遠，那是因為我站在巨人的肩膀上。」

孫子是一個不世出的兵法家，明代茅元儀說：「前孫子者，孫子不遺；後孫子者，不能遺孫子。」孫子具有承先啟後的地位，唐代詩人杜牧說：「自武死後凡千歲，將兵者，有成者，有敗者，勘其事蹟，皆與武所著書一一相抵當，猶印圈模刻，一不差跌。」意思是孫子所體會的成功路徑圖，具有永恆性與普遍性，印證千年以來戰場勝敗的原因，跟孫子所言就像同一個模子印出來，完全一致。孫子這座兵法寶藏，自古以來吸引了各行各業的高度興趣，每個人都想透過他的成功路徑，一窺其堂奧，啟發自己的智慧，帶來精彩的人生。

孫子的成功密碼藏在十三篇裡面，但他的成功路徑圖卻在第一篇〈計篇〉就開門見山地告訴了我們。透過〈計篇〉的路徑圖，可以進入孫子的兵法世界，是開啟孫子兵法世界的一把鑰匙。

孫子〈計篇〉的路徑圖有八道程序，像大廚出菜，少一樣，調換一個順序都不行。這八項是：

**定義：問題是什麼？**
**準備：準備什麼？**
**比較：我會贏嗎？**
**選將：誰來執行？**
**目標：方向在哪裡？**
**執行：要怎麼打？**
**詭道：如何弱敵？**
**廟算：整體評估。**

## ❖定義：問題是什麼？

「定義」是為了讓我們清楚所面對的問題，以做有效的因應。就像醫生診斷病情，必須精準，沒有模糊空間，否則就不能對症下藥。

孫子在十三篇的第一篇〈計篇〉一開始就為戰爭下定義，為戰爭定錨，開啟整部兵法的論述方向，他說：「兵者，國之大事，死生之地，存亡之道，不可不察也。」孫子從四個面向來定義戰爭，一是國家的大事，二是關係著國家百姓的生死存亡，三是救亡圖存的方法，四是謹慎的態度。這四點讓我們知道戰爭的重要性，殘酷的本質，必須要有萬全的準備和最嚴謹的態度，不可以有一絲一毫的大意。這是孫子成功路徑圖的起手式。

## ❖準備：準備什麼？

「準備」是解決問題的必要條件。準備的內容隨著需求的大小而不同，你不必拿來福槍打蒼蠅，當然你也不可能拿蚯蚓來釣大白鯊。莊子說，到郊外遠足，只要帶一天的糧食；到三十里外，就要準備隔夜糧；到百里外，就要準備三個月的糧食了。戰爭是國家大事，準備當然是最高級，孫子說：「故經之以五事，校之以計，而索其情：一曰道，二曰天，三曰地，四曰將，五曰法。」

道，就是全國百姓不計個人生死，願意追隨國君上戰場。天，就是指天色的明暗，天氣的冷暖，和四季的更迭。地，就是指不同地形的理解與因應之道。將，必須具備「智、信、仁、勇、嚴」五德。法，是整合人力、物力的組織制度。道，是人心的力量；天、地，是大自然的力量；將，是人才的力量；法，是制度的力量。這五個部分組成了一個最具有競爭力的戰鬥團隊。孫子以將為主宰，以道為圓心，以天、地為座標，以法為半徑，畫出一個勝利的同心圓。

## ❖比較：我會贏嗎？

戰爭是兩股勢力的對抗，強者勝，弱者敗。比什麼？孫子說比七計：「主孰有道？將孰有能？天地孰得？法令孰行？兵眾孰強？士卒孰練？賞罰孰明？吾以此知勝負矣。」誰的國君比較得民心？誰的將帥本事大？誰能佔到天時與地利？誰的法令能確實推行？誰兵強馬壯？誰的士卒訓練精良？誰的賞罰分明？

這七計是從「道、天、地、將、法」五事演變而來，差異在把五事的「天」、「地」結合為一項，把「法」分解成四項，「道」仍舊排第一位，但「將」已從第四位提昇到第二位。這個區別，表示戰前的準備和實戰的比較著重點不同，戰前的準備，天時地利很重要，是先決條件，所以排在前面，而戰爭要開打了，戰場就交給將軍了，所以將軍的重要性馬上提到前面，而且戰場上的攻防，需要人力、物力的配合，此時組織制度的運作就要派上用場，所以佔的比例就高了。

韓信被劉邦封為大將軍，馬上提出有名的〈漢中對〉，比較了劉邦、項羽兩個人的優劣，激勵了劉邦的信心，拉開了楚漢相爭的序幕。孔明被劉備三顧茅廬感動，馬上提出〈隆中對〉，對曹操、孫權和劉備三個人做了一番比較，也展開了三國競爭的大戲。

## ❖選將：誰來執行？

經過五事的準備和七計的比較，確定我有優勢之後，就要選一個可以上戰場的將軍了，如果萬事俱備，卻找不到一個可以勝任的人去執行，那這些準備也就白搭了。有一戶人家帶回一隻貓，準備要應付日益猖獗的老鼠，老鼠們聚集在一起商討對策，七嘴八舌之後，有一隻老鼠提出建議：「只要在貓的脖子上掛一個鈴鐺，以後聽到鈴鐺聲，大家就可以閃了。」老鼠們都覺得這個建議太好了，但你看我，我看你，卻沒有一隻老鼠敢去幫貓掛鈴鐺。將軍上戰場，捍衛家園，就是執行這個「掛鈴鐺」的艱鉅任務。

孫子對於「選將」有一個特別的要求，就是強調國君與將軍的理念要一致：「將聽吾計，用之必勝，留之；將不聽吾計，用之必敗，去之。」孫子認為，如果國君能認同將軍的帶兵理念，將軍才能打勝仗，並接受這個重責大任，帶領軍隊打勝仗，反之，因為不同的理念會影響指揮的一致性，雙頭馬車一定會招致失敗，將軍就不能接受這項任務。

## ❖目標：方向在哪裡？

「救亡圖存」是戰爭的主要目標，這個目標不能打折，所以孫子說：「計利以聽，乃為之勢。」就是指所有行動都必須聽任這個目標。

俗話說：「不知道港灣的船，再大的風對它都沒有意義。」美國作家梭羅（Henry David Thoreau）說：「光忙是不夠的，螞蟻也很忙。我們必須自問：我們在忙什麼？」

戰國時代，群雄並起，魏王想要攻打趙都邯鄲，成就霸業。大臣季梁急忙從旅途中折返勸阻，他告訴魏王：「我在路上遇到一位要到南方的人，卻駕車往北走，我跟他說方向錯了，他卻回答說：『我的馬跑得很快，我的盤纏很多，還有一位很會駕車的馬伕，不用擔心。』但他不知道這些條件越好，離目的地就越遠。今天大王您想成就霸業，應該取信於天下，而您卻仗著強大的軍力去攻打邯鄲，想要擴充土地，贏得聲名，這樣的舉動越多，恐怕離您的目標就越遠，就像這位『南轅北轍』的人一樣。」

《西遊記》中，那個動不動就嚇得跌下馬來，魂飛魄散的唐三藏，被他的徒弟孫悟空罵得很難聽：「師父莫要這等膿包行麼！」但是本事很大的孫悟空、豬八戒卻動不動就要拆夥，就要放棄西天取經，只有唐三藏意志最堅定，朝著既定目標前進，從沒動搖過，就是這種對目標的不離不棄，才能經歷八十一難，順利取經回國，完成任務。

## ❖執行：要怎麼打？

目標確定，也找到了理念一致的將軍，任務就交給將軍了，成功路徑圖由紙上談兵進入「執行」階段，也就是如何佈局造勢、馳騁沙場了。戰場瞬息萬變，真假訊息難分，這也是執行過程當中最困難的地方。所以孫子特別提出一個「權」字，他說：「勢者，因利而制權也。」權就是權變。

春秋五霸之一的宋襄公和楚國的泓水之戰，雖然他有先到戰場的優勢，但是他堅持君子風範，不趁人之危，所以當後到的楚軍正要渡河，兵法上這是最好的攻擊時機，他卻放棄了，當楚軍渡河，還沒有整隊完畢，又是一個大好的攻擊機會，他又放棄了，這一連串的錯失良機，造成最後大敗，自己還受傷，不久就去世了。這個結局，不管司馬遷如何以

「修行仁義」想幫他圓這個錯誤，但錯了就是錯了，宋襄公因為不懂以權變維護國家百姓的利益，造成不可彌補的傷害，不符合孫子的作戰原則，一個固執己見，不顧國家利益的國君，如何讓人同情？

## ❖詭道：如何弱敵？

孫子說：「兵者，詭道也。」用兵作戰，是一種詭詐的行為，這句話說明了戰爭的特質。「故能而示之不能，用而示之不用，近而示之遠，遠而示之近。利而誘之，亂而取之，實而備之，強而避之，怒而撓之，卑而驕之，佚而勞之，親而離之。攻其無備，出其不意，此兵家之勝，不可先傳也。」有能力作戰，要假裝沒有能力；想要用兵，要假裝不用兵；要向遠處用兵，要假裝在近處；想要在近處用兵，就要假裝從遠處。用利益引誘敵人，趁敵人混亂取勝；敵人力量充實，就要防備他；敵人兵力強大，就要避開他；激怒敵人，然後擊敗他；對敵人謙卑示弱，讓他驕傲；敵人安逸，就要讓他疲勞；敵人團結，就要離間他。攻擊敵人沒有準備的時候，打擊敵人不在意的地方，這是兵家取勝的祕訣，不可事先傳授。

戰爭為什麼需要使用詐術？因為兩軍對戰，為了保證獲勝，一定要攻擊敵人最虛弱的地方，這叫「避實擊虛」。使用詐術就是讓敵人變虛弱的方法。

## ❖廟算：整體評估

「廟算」就是整體的評估，前面七項條件俱足，最後再做一個確認，這是成功路徑圖的最後一項，孫子說：「夫未戰而廟算勝者，得算多也；未戰而廟算不勝者，得算少也。多算勝，少算不勝，而況於無算乎？吾以此觀之，勝負見矣。」戰爭不能賭，所以整體評估要在開戰之前做，而且要謹慎地做，孫子說最好在太廟裡做，太廟是安置國君歷代祖先的地方，在太廟做有莊重、隱密、安靜、可以深思熟慮的好處，也是對祖先的尊重與負責任的表現。

得算多就是勝算多，可以出兵；得算少就是勝算少，不能出兵；無算就是沒有勝算，那就完全不用考慮了，當然不能出兵。孫子說：「我就是用廟算來判斷勝負的。」

## ❖雖為八項，實為一項

孫子以廟算總結，把前面七項做綜合評估，表示勝負不是片面的算，而是整個系統的算。必須兼顧本末先後的順序，兼顧平時準備與實戰過程的變化，兼顧敵我實力之比較，並了解戰場詭道的特質，才能做出一個整體的可行性評估，以做為戰與不戰的依據。所以，孫子成功路徑圖雖分為八項路徑，但其實是一項。宋代蘇軾認為：畫竹子時胸中要有完整的竹子，然後才能下筆，他說：「當今畫竹的人，一節一節、一葉一葉地畫，哪裡還有竹子呢？」「一節一節地畫」、「一葉一葉地畫」，看不到全貌，掌握不到整體的生命力，畫出來就不會像竹子。相同地，把孫子的八項路徑圖分開看，也不能真正地掌握孫子的整體思維，必須融會貫通，胸有成竹，才能了解《孫子兵法》的精髓。

## ❖人生的得算與失算

《孫子兵法》十三篇以〈計篇〉開始，〈計篇〉又以「廟算」作結，可見孫子以「算」做為戰場勝負的天秤，他可說是一個戰場的精算師，但從成功路徑圖中，第二項「五事的準備」和第三項「七計的比較」，都以「道」列為第一要項來看，孫子精算的背後是以「道」為依歸的，這是關鍵，必須先確認。誠如明朝方孝孺〈深慮論〉所言：「人的智力能夠算到的東西是有限的，智力算不到的，就是天道，那才是一個大寶藏。」台南市天公廟有個「一」字匾，旁邊有一段文字：「世人枉費用心機，天理昭彰不可欺，任爾通盤都打算，有餘殃慶總難移。」所有的算計都應建立在這個天理上，如果不循此道，自欺欺人，恐怕人算不如天算，枉費心機，到頭一場空。

孟子說：「魚與熊掌不可得兼，必須捨小就大，生命和道義不可得兼，要捨生命就道義。」這是孟子的算。莊子說：「我寧可當一隻自由快樂的野雉，雖然要花很多時間找食物，也不要當一隻被養得肥肥的家雞，卻失去了自由。」這是莊子的算。兩人算得正義凜然，算得逍遙自在，可謂「得算」。

很多人「得算」，但也有很多人「失算」，拿破崙（Napoleon）這麼厲害的角色也會兵敗滑鐵盧，項羽戰無不勝，也會兵敗垓下。韓信會算項羽，但不會算自己，會算一場戰爭的勝負，但不會算自己的一生，昧於時勢，不知道急流勇退，最後連命都保不住了，就這一點看，張良知道「狡兔死，走狗烹，飛鳥盡，良弓藏」，早早離開是非圈，就比他高明多了。

大意失荊州，是關羽的失算。「機關算盡太聰明，反算了卿卿性命」，這是王熙鳳的失算。

為什麼人生多失算？或許懂得回歸道，回歸生命的本質，才能真正的「得算」。《三國演義》卷頭歌，楊慎說：「滾滾長江東逝水，浪花淘盡英雄。是非成敗轉頭空，青山依舊在，幾度夕陽紅。白髮漁樵江渚上，慣看秋月春風。一壺濁酒喜相逢，古今多少事，都付笑談中。」眾生無明，不知利害，天天計較，天天算，如流水過淺灘，嘈雜而奔忙，卻不知浪花千條終歸是水，從〈計篇〉成功路徑圖的精算，我們應該知道怎樣安排自己的人生了。

**兵法快遞**

準備是一個動態的過程，沒有停止的一天。

第一章

# 定義：面對問題，最重要的是態度

有人做過實驗，把蜜蜂和蒼蠅放在一個透明的玻璃瓶裡，然後把瓶子平放在桌上，瓶口對屋內，瓶底對著有光線的窗戶，蜜蜂以為有光的地方就是出口，所以會拚命地往瓶底衝，直到最後精疲力盡。蒼蠅則是毫無方向感地橫衝直撞，有些僥倖地可以從瓶口飛出來。蜜蜂是固執己見，不知變通，蒼蠅也好不到哪裡去，也只是誤打誤撞。「不知變通」和「誤打誤撞」決定了牠們的一生。

對我們來說，人生就是一個不斷面對問題、解決問題的過程。所謂天下無難事，只怕有心人，只要你願意面對，就有機會找到解決的方法。孟子說：「是不為也，非不能也。」柏拉圖（Plato）也說：「人世間沒有什麼事值得太擔心。」沒有解決不了的問題，這是做為一個人最值得驕傲的一件事。

解決問題的關鍵，首先你要有問題意識，問題與答案是一對孿生兄弟，答案就在問題裡面，了解問題，就了解答案。所以想要得到答案，須從「定義問題」入手。

《孫子兵法》十三篇，第一篇〈計篇〉開門見山的第一句話就是定義問題，他說：「兵者，國之大事，死生之地，存亡之道，不可不察也。」孫子這段話定義了戰爭問題的四個面向：問題的大小、問題的本質、問題的解決方法，和面對問題的態度。這四個面向也提供了我們定義問題的方便法門。

## ❖問題的大小

問題的大小決定要使用多少資源，及處理的時間與優先順序，每個人、每家公司，大至一個國家，都有大大小小的問題，必須排個本末先後的秩序，才能確保問題能順利解決，保證不會顧此失彼，或捨本逐末。所以判斷大小是問題意識的第一項功課。

問題的大小，是從影響的層面大小來看，《左傳》：「國之大事，在祀與戎。」古時候戰爭和祭祀是國家最重要的兩件事，一安內，一攘外，能安內攘外，國家才能長治久安，這是孫子定義戰爭為「國之大事」的主要原因。

但人間事，問題的大小常常很難界定，尤其牽涉到個人主觀的感受和價值觀的問題，就會產生很大的差異性，甚至是完全相反。譬如死生的問題是很多人的大問題，但是在某些人的價值體系底下，生死卻變得微不足道，蘇格拉底（Socrates）為捍衛真理，勇敢地喝下毒藥，寫下〈正氣歌〉的文天祥，從容就義，廣欽老和尚說：「我是一滴流入河裡的水，請你們盡量汲取，不要讓我流入大海。」以前也有「餓死事小，失節事大」的觀念，可見問題大小，會因人而異。

禪宗有個小故事，小和尚問老和尚說：「我來這裡修行一段時日了，為什麼還是很多煩惱？」老和尚沒有直接回答小和尚的問題，只叫小和尚去廚房抓一把鹽巴，然後放在茶杯裡喝下，小和尚喊苦，老和尚叫小和尚去廚房再抓一把鹽巴，然後帶他走到戶外，把鹽巴灑在池塘裡，再叫小和尚汲水喝，這次小和尚沒有喊苦。這時候老和尚說話了：「一樣的鹽巴，為什麼有的苦？有的不苦？關鍵就在盛鹽巴容器的大小，你的心像池塘，就不苦，像茶杯就苦。可見會不會煩惱決定在你心量的大小啊！」

問題的大小，有的顯而易見，有的是隱而不顯，需要有先見之明。漢宣帝時期，大臣霍光權傾一時，造成家族恃寵而驕，大夫徐福對漢宣帝提出預警，卻沒有得到應有的重視，最後導致霍氏家族遭滅族之禍，對漢朝造成很大的傷害，漢宣帝論功行賞，卻忽略了當時提出先見的徐福，有人就舉「曲突徙薪」的故事提醒宣帝，宣帝才猛然驚醒，後悔當初不聽此人之言。「曲突徙薪」是講一個大戶人家的煙囪冒出火星，有人看到，建議主人要把煙囪改成彎曲的，才不會再冒火星，而且要把旁邊的木材移走，免得造成火災，但這位主人沒有危機意識，並沒有採納這個人的建議，後來果然失火，鄰人熱心地加入救火行列，造成很多人受傷，主人為了感謝這些人，大擺宴席，但獨缺那個有先見之明的人，後來也是經人提醒，主人才想起這件事來。「曲突徙薪」是先見之明的能力，能預見事情發展的趨勢，可以避免「小洞不補，大洞吃苦」的遺憾。

## ❖問題的本質

死生是不可逆的，孫子以一句「死生之地」簡單扼要地點出戰爭殘酷的本質，所以以前叫將軍為「死官」，就是強調這個職務的凶險，孫子也提醒國君和將軍不可以因為情緒而輕易地出兵，因為情緒可以改變，但是人死不能復生，國家亡了不能復存。唐朝詩人王翰〈涼州詞〉：「葡萄美酒夜光杯，欲飲琵琶馬上催。醉臥沙場君莫笑，古來征戰幾人回！」曹操也在〈蒿里行〉寫道：「白骨露於野，千里無雞鳴。生民百遺一，念之斷人腸。」戰爭帶來的生離死別與大量死傷，是誰都承擔不起的。

遺憾的是自有人類以來，戰爭沒有停止過，套句雨果的話：「這世界沒有壞人，卻做了這麼多的壞事。」是健忘？還是人對戰爭的問題本質從來沒有認清過？是前者，那就無可救藥，是後者，還有改變的機會。

只有了解本質，才能對症下藥，找不到病灶，亂開藥方，於事無補。用製造問題的腦袋思考是找不到答案的，你必須換個腦袋思考。有一位蘋果公司的員工問賈伯斯（Steve Jobs），我們要不要做市場調查來協助產品的開發，賈伯斯回答說：「在我們給顧客看商品之前，他們根本不知道自己要什麼。」他引用福特汽車創辦人亨利．福特（Henry Ford）的話：「如果我問顧客想要什麼，他們會告訴我：『一匹跑得更快的馬！』。」這是探索問題本質的基本態度，從發生問題的情境抽離出來，才能看清問題。

人生的本質，與其爭論存在先於本質，或本質先於存在，其實意義都不大，回到每個人都必須為自己的一生負責，這才可能碰觸到人生的本質，才能掌握人生的方向。

做生意，與其花力氣爭論哪一套經營理論比較好，如何擠進好的地段，如何建立完善的組織和作業流程，不如思考顧客需要什麼，比較實在。

進入交易市場，不必迷信哪一套理論，哪一套交易系統，能夠戰勝大盤，能夠獲利，才是交易的本質。

## ❖問題的解決方法

找到問題的源頭，也知道非處理不可，卻拿不出辦法，那叫行百里半九十，停下來，還是到不了終點，解決不了，一切歸零。我們習慣不以成敗論英雄，但是攸關一個國家百姓生死存亡的戰爭，我們不得不以成敗論英雄，這裡沒有同情票。這讓我想到一個人，李後主，他有一闋膾炙人口的詞〈虞美人〉：

春花秋月何時了，往事知多少。小樓昨夜又東風，故國不堪回首月明中。
雕闌玉砌應猶在，只是朱顏改。問君能有幾多愁，恰似一江春水向東流。

悲劇不應該發生，因為沒有人承擔得起，一個亡國的國君暗夜哭泣，得不到同情，要當國君，就必須有解決問題的能力，就必須對百姓生命財產負責，就必須以國家興亡為己任，做不到，就是失職。

不要怪懷才不遇，是人才就要像毛遂一樣，自請脫穎而出，不要怪「天亡我也」，項羽自殺也改變不了八千子弟兵回不了家的事實。在有限的人生，現實的世界，你必須學會解決問題，不能幫公司解決問題，公司聘你做啥？不能幫國家打勝仗，怎麼當將軍？不能處理自己的問題，你怎麼對得起此生？

孫子在見吳王之前，已寫好十三篇，告訴吳王，我已經準備好了。這是問題意識的重點，沒有方法，其他都是白搭。

## ❖面對問題的態度

如果有一件事像戰爭一樣不可逆，做錯了不能重來，你會用什麼態度面對？如果你背負了一個國家的命運，千千萬萬人的生死，交到你手上，你會如何看待自己？這是孫子的提問，賈伯斯也曾經用同樣的提問激發了員工的潛能，設計出更快速的作業系統，賈伯斯說：「如果可以救人的性命，你能不能設法將開機的時間縮短十秒鐘？」這就是態度的問題。

孫子的問題，不難回答，但卻不容易做到。

不難回答，是因為這是人性的本能。事情迫在眉睫，攸關生死，任誰都會繃緊神經，不敢大意。所以古今中外對戰爭應有的態度都很一致，就是「謹慎」。像老子就說：「禍莫大於輕敵，輕敵則幾喪吾寶。」孫子也曾對吳王說了重話：「兵，利也，非好也。兵，信也，非戲也。君王以好與戲問之，外臣不敢對。」（《銀雀山漢古墓竹簡本・見吳王》）孫子的意思是：在戰爭面前，請收起輕蔑的態度，你才有資格詢問戰爭。

但這個回答的背後，透露兩個信息，一個是凡特別強調的東西，往往是特別缺乏的東西，每天都在呼吸，沒有人會強調要注意呼吸，要強調謹慎，就表示你可能不謹慎，所以需要提醒。其次，我們忽略了謹慎的態度需要長期養成，不能臨時抱佛腳，因此面對重大事件要謹慎，大家都知道，卻往往做不到，就是沒有把這個知道養成一種習慣，以至於事到臨頭，拿不出應有的態度。

態度就是一種對問題的承擔，希望問題到你這裡為止。宮崎駿電影《神隱少女》有一段話：「當你的摯友看到你掉出第一滴眼淚，他會接住第二滴，然後擋住第三滴。」孫叔敖小時候看到兩頭蛇，想到曾聽說看到兩頭蛇就會死去，為了不讓別人也跟他一樣死去，他把蛇殺死了，這就是不讓第三滴眼淚掉下來的不忍心靈。

知道問題大小，可以衡量輕重緩急，做出適當安排；知道問題本質，可以找到問題的根源，對症下藥；知道解決問題的方法，才不會被問題所困，能繼續往前；知道解決問題的態度，就會謹慎看待問題，勇敢承擔。這就是孫子對戰爭的問題意識，而解決人生問題，何嘗不也是如此！

定義問題要避免落入兩個困境，一是每個人對問題的定義都不同，不要想以別人的定義來解決你個人的問題，我們要學習如何定義，不是學習別人所定義的內容。其次，定義是想讓問題更清楚，更容易處理，但是宇宙會變動，才說是，馬上就不是。希臘哲學家赫拉克利特（Heraclitus）就曾說：「人不能兩次踏進同一條河流。」所以問題一被定義，就必須知行合一，劍及履及，不要等，否則你會陷入不斷定義的困境中。

**兵法快遞**

問題在你身上，答案也在你身上。

# 第二章
# 道：最大的影響力，常常是無聲無息

深山裡有一座寺廟，老和尚從外地帶回來一株清香的菊花，把它種在花圃裡，隔年，整座花圃開滿菊花，花香四溢，香客們都被吸引來了，紛紛要求移植，老和尚欣然同意，沒多久，花圃的菊花慢慢少了，小和尚們開始擔心花會被移光，老和尚說：「不用擔心，過一些年，你們就會聞到整座村莊都是菊花的香味。」

一人種菊花，花香滿園，所有人種菊花，處處生香。戰爭這個棘手的問題，不是一個人可以完成，必須全民一起參與，而全民是否願意參與，關鍵在國君是否有道。

孫子戰爭的五項準備——「道、天、地、將、法」，就是把國君有道列為第一項。什麼是道？他說：「道者，令民與上同意也，故可以與之死，可以與之生，而不畏危。」「道」就是讓全國百姓和你想法一致，願意為你出生入死，而不害怕生命的危險。「同意」，就是凝聚力，向心力，也是一體感。

## ❖真正的領導人

有道的領導人，用《易經．兌卦．彖》的話來說，就是要具備「剛柔並濟」、「順天應人」、「身先士卒」和「冒險犯難」四個條件。領導人能剛柔並濟，順應天道與人情，百姓就會樂於參與；領導人能身先士卒，百姓受其感召，就不怕勞苦；領導人能冒險犯難，老百姓就不怕死。

好逸惡勞，貪生怕死，是人的天性，所以要引導，而不是強迫，〈兌卦〉的兌是喜悅的意思，是心悅誠服，真正的有道之君，才能得到百姓心甘情願的服從。

《呂氏春秋．孟冬紀．異用》記載了商湯「網開一面」的故事，有一次商湯看到一個獵人佈置了一個四面的網要抓小鳥，並禱告：「不論是天上飛的、地下鑽出來的，或從四面八方來的，通通進到我的網子裡。」商湯看了直搖頭，對獵人說：「像你這樣趕盡殺絕，跟暴君夏桀有什麼兩樣？你應該學習蜘蛛結網，昆蟲想要往左，往右，往高，往低的都悉聽尊便，我只取對著我這面網來的。」商湯這個「網開一面」的故事，感動了漢水以南四十個國家的人民，大家認為商湯的美德能及於禽獸，更何況是人，所以紛紛歸附他。後來商湯成了大家的救世主，留下「東征西夷怨，南征北狄怨」的美名。

楚漢相爭時期，本來屬於劉邦陣營的英布要造反，劉邦很擔心，參謀薛公卻告訴劉邦：「英布這個人不用擔心，他要造反，有上、中、下三策，其中只有站在老百姓立場的上策會成功，但英布為人自私，只顧自己，他只會採用為自己著想的下策，用下策不能獲得百姓認同，不會成功，陛下您可以高枕無憂了。」後來果然如薛公所言，英布的自私行為沒有得到百姓的認同，很快地勢力就被瓦解了。

人稱小羅斯福的美國總統富蘭克林．羅斯福（Franklin D. Rcosevelt），患有脊髓灰質炎（即小兒麻痺症），他不但克服自己身體的病痛，還帶領美國人民度過不安的年代，他的睿智、勤勞、苦民所苦，和包容不同聲音的襟懷，讓他成為美國史上唯一蟬聯四屆的總統，傳記作家史密斯稱讚他：「把自己從輪椅上舉起，把整個國家自屈服中解放。」

一個願意為人民著想的政治人物，一言一行都會散發出強烈的感染力，羅斯福信手拈來的「爐邊談話」（Fireside Chats），讓百姓得到鼓舞，重拾信心。但這並不是他刻意地炒作，假使他不用這種方式跟全國人民對話，改用其他方式，我相信也一定會獲得大家的認同，因為成功的關鍵是他的心永遠跟人民在一起。

## ❖滿足共同的渴望

有道的領導人要懂得滿足人民的需要，但人民需要什麼呢？

心理學家馬斯洛（Abraham Maslow）把人性的需求分為五項：生理、安全、愛、尊重、自我實現，可以做為領導人思考的方向。

### 生理的需求

生理需求是人類最基本的需求，《禮記．禮運》中也寫了：「飲食男女，人之大欲存焉。」一九九二年柯林頓（William J. Clinton）打敗老布希（George H. W. Bush）的口號就是「笨蛋，問題在經濟。」雖然老布希當年打了一場漂亮的波斯灣戰爭，聲勢如日中天，但是忽略了美國經濟下滑的警訊，敏感的柯林頓嗅到了回歸經濟基本面的人類需求，而獲得了勝利。

### 安全的需求

百姓覺得生存受威脅，就會用腳投票。《詩經》有一首〈碩鼠〉詩：「碩鼠碩鼠，無食我黍！三歲貫女，莫我肯顧。逝將去女，適彼樂土。」把國君比喻成大老鼠，只顧著啃噬百姓的心血，讓百姓活不下去，百姓最後以選擇逃離家園的方式來抗議。看看二〇一一年，敘利亞內戰造成四百萬的難民潮，再看看這首詩，讓人不勝唏噓，原來人類經過了兩千多年的演進，不顧百姓死活的領導人，一直沒有學到教訓。

## 愛的需求

「愛」是人類共同的語言，心中有愛就會激起共鳴，而產生向上的力量。雨果《悲慘世界》（*Les Misérables*）的男主人翁尚萬強（Jean Valjean）就是在人生走投無路的時候，得到神父的接納，因此改過遷善，創造了不平凡的一生。多年前，我曾到監獄授課，協助青少年受刑人，第一天上課，我就舉了這段故事鼓勵他們，並且跟他們說：「只要你們出去，不要再進來，老師就是你們的朋友。」我當時還把電話住址都寫給他們，學期結束，有一個學生送給我一串佛珠，我問他這串佛珠從哪裡來？他說：「剛剛在外面看到一個女受刑人要出獄，我想起老師說的那句話，就大聲地對她說：『出去就不要再進來！』她回頭看著我，就把手上的佛珠拿下來送給我了，老師你要離開我們了，我沒有東西送你，就把這串佛珠送你了。」我當下很激動，生命之間的互動，沒有比這一刻更美了。

## 尊重的需求

「尊重」是對人格的一種肯定。我很喜歡李小龍和甄子丹在電影中傳達為尊嚴而活的精神。《精武門》一片中，陳真抬腿踢碎租界公園大門上「華人與狗不得入內」的木牌，將「東亞病夫」這四個字撕碎，塞到日本武士口中時，讓人熱血沸騰。《葉問2》中當葉問面對洋人對中國武術的輕蔑，以詠春拳擊敗西洋武術高手龍捲風之後，說出：「人的地位，雖然有高低之分；但是人格，不應該有貴賤之別。」也同樣震撼人心。

美國南北戰爭時期，戰爭陷入僵局，此時林肯（Abraham Lincoln）發表了《解放奴隸宣言》（*The Emancipation Proclamation*），宣布黑人奴隸將成為自由人，獲得廣大黑奴的認同，紛紛轉向，最後順利結束戰爭。林肯從人性的尊嚴考量，觸動了黑奴心中最軟的一塊，以至於所激發出來的向心力，如潮水般湧出。林肯的一念之仁，影響深遠，雖然到二〇〇九年歐巴馬（Barack Obama）宣誓就職，美國才出現第一位黑人總統，時間已經過了一百多年，但是，沒有林肯踏出這一步，恐怕黑人的命運會走得更艱辛。套一句朱熹讚嘆孔子的話：「天不生仲尼，萬古如長夜。」在這個世界上，如果沒有這些偉大胸襟的人物出現，人類可能還在黑夜中摸索。所以雖然經過了一百多年，換過數十位總統，林肯仍舊是美國人心中的最愛。

## 自我實現的需求

「自我實現」是每個人一生中最大的渴望。有一次，曾獲得諾貝爾和平獎的蘇聯最高領導人戈巴契夫（Mikhail Gorbachev）和東方經營之神松下幸之助會面，戈巴契夫對松下幸之助說：「我一生最得意的一件事，就是『解放了蘇聯』。」松下幸之助也回應說：「我一生最得意的一件事，就是『解放了全球的婦女同胞』。」一個用政治智慧瓦解共產體制，一個用商業頭腦發明家電，節省婦女待在廚房的時間，他們都活出了人生的精彩。

劉備三顧茅廬，孔明鞠躬盡瘁。劉邦登壇拜將，韓信一生沒有二心。燕太子丹視荊軻為知己，荊軻視死如歸，因為這些領導人都給了他們實現自我的舞台，讓他們活出生命最精彩的篇章。我很認同現任蘋果公司執行長庫克（Tim Cook）對賈伯斯的評價：「我們希望改變世界，這是我們每天前來工作的理由。」賈伯斯用「希望改變世界」這個更高的視野，更大的格局，更有前瞻性的理念和價值觀吸引來自全球各地的菁英份子，共同投入這個偉大的目標，因為他知道「自我實現」是人才的最大公約數，是激發人性潛能的最大動力。

五大需求是人性的共同點，一個領導人能夠滿足老百姓的需求，捍衛生存的價值，就能獲得百姓的認同。職場上，老闆考量每個人都需要生活，多給一點薪水；考量每個人都需要被認同，多給一點讚美；每個人都需要面子，多給一點尊重；每個人都想證明自己存在的價值，多給一點機會；人生不如意十之八九，每個人心裡都有苦，多給一點微笑，我想你會是一個大家都想追隨的老闆。

## ❖尊重彼此的不同

人性有共同點，也有不同點，領導人必須兼顧。

### 價值觀的差異

每個人都有不同的文化背景、政治立場、宗教選擇、藝術喜好、人生觀等等。有句話說：「我不同意你的說法，但我誓死捍衛你說話的權利！」強調的就是尊重差異。莊子〈齊物論〉裡有一個「朝三暮四」的故事：有一個養猴子的老先生，早上給猴子三顆栗子，下午四顆，猴子不高興，他就改成早上四顆，下午三顆，這下子猴子高興了。同樣七顆，卻有不同的效果，莊子說：猴子喜歡朝四暮三，不喜歡朝三暮四，就順著他吧，這叫「兩行」，也就是你行我也行，何必強求別人跟我一樣呢？老子說：「聖人無常心，以百姓心為心。」領導人能拋開己見，不用一套標準衡量世界，能傾聽百姓的心聲，尊重他們的想法，這就是好的領導人。

## 個性的差異

個性是與生俱來的人格特質，如花園裡的百花，各擅勝場。晉朝劉邵《人物志．九徵》說：「蓋人物之本，出乎情性。情性之理，甚微而玄；非聖人之察，其孰能究之哉？」個性是人的獨特性，人的個性差異，非常細微，只有聖人的睿智才可以看得出來。《論語》記載孔子學生的特質：閔子騫性情中正，子路剛強直率，冉有、子貢很和氣，孔子特別提醒子路做事情不要太衝，怕會衝過頭。孔子順應差異，因材施教，成為讓後人尊敬的至聖先師。

## 才性差異

人有不同的才華，不能用同一個標準來衡量。有一個小故事，冬天快來了，螞蟻辛勤搬運糧食，準備過冬，但蚱蜢還是照常唱歌跳舞，螞蟻警告他，再不存糧，冬天來了就會餓死，蚱蜢不聽，果然冬天來了，餓死在冰天雪地裡，這個故事告訴我們要未雨綢繆，居

# 第三章 天

老天是公平的，他給你和你的競爭者同一個太陽、同一個月亮，和滿天的星斗，在同一個天空下，共度日夜更迭，四季循環。客觀的世界，主觀的感受，如何「推天理，明人事」，就成為每一個人必須努力的功課了。

「天」是擅長變化的魔術師，孫子從戰爭的角度看天，得出三個天的要點：「天者，陰陽、寒暑、時制也。」陰陽是指天色的陰晴晦明，是視覺的感受；寒暑是指天氣的冷暖，是身體的感受；時制是四季更迭的循環，是時間的概念，這三者構成孫子的天時觀。

# 一

# 一樣的世界，不一樣的解讀，關鍵在你怎麼看

歌手那英的〈白天不懂夜的黑〉，借白天和黑夜的沒有交集，描述男女感情的隔閡，唱出了得不到知音的落寞。「白天和黑夜只交替沒交換／無法想像對方的世界／我們仍堅持各自等在原地／把彼此站成兩個世界／你永遠不懂我傷悲／像白天不懂夜的黑／像永恆燃燒的太陽／不懂那月亮的盈缺。」

唐盧綸〈塞下曲〉：「月黑雁飛高，單于夜遁逃。欲將輕騎逐，大雪滿弓刀。」描寫將軍趁著黑夜，月亮被烏雲遮住，視線不明的時機，突襲匈奴大本營，大頭目被嚇跑了，本來想趁勝追擊，奈何一場大雪，阻擋了去路。

白天和黑夜對男女愛情來說，是兩條沒有交集的線，對戰場來說，卻是戰術運用絕佳的舞臺。沒有交集，就會站成兩個世界；是戰術的絕佳舞臺，就要注意敵人會隨時出現在你的眼前。

## 陰陽的四個概念

太陽照得到的地方謂之陽，太陽照不到的地方謂之陰，這是陰陽的本義，後來擴大解釋，舉凡相對的兩個事物都叫陰陽，如天地，日夜、男女、內外、夫妻、君子小人等等。接著，再把陰陽當作互補發展的關係，也就是相反相成的概念，像《周易．繫辭上》說：「一陰一陽之謂道。」陰陽變成是宇宙運行的兩個主要因素，陰陽成為「道」的代名詞，因為提昇到「道」的層次，所以有了創生萬物的特質，《周易．繫辭上》說：「陰陽不測之謂神」，不測指的是無法量測，天下萬物都由陰陽所生，變化無窮，深不可測，所以只能用神來稱呼了。陰陽演變到這裡，其意義的擴張，可說發展到了極致。

到後來，陰陽家出現，把陰陽生成萬物的變化再進一步神祕化了，司馬遷說陰陽家「深觀陰陽消息，而作怪迂之變」，陰陽家對於陰陽變化的規律了解深入透徹，但卻把術數、占卜、占星等因素加了進來，變得陰陽怪氣，也把陰陽的內涵變得複雜了。

基本上陰陽的概念不出這四種，第一種純粹以太陽的向背為區隔，這是最基本的陰陽概念。第二種和第三種是「陰陽人情化」，也就是賦予大自然主觀的意義，進入哲學的層次。第四種則是「陰陽神祕化」，超出了理性的範疇，脫離了人可以掌握的範圍。

孫子的陰陽觀具備前三種概念，但沒有第四種，他不談鬼神之說。但孫子對於大自然的天象、氣候的掌握，則一點不馬虎。譬如〈火攻篇〉談到火攻的時機點時說：「想要施行火攻，一定要選天乾物燥的時候，而且要有風的日子，也就是月亮在四個星宿的方位，才能奏效。」

## 鬼神之說，信不信？

雖然孫子不相信鬼神之說，但在那個年代，相信的卻不在少數，譬如，春秋時期就有歲星（木星）所在的地方，就是這個國家受到庇佑的說法，被庇佑的國家不可以攻打，否則就會遭受災難。《左傳》昭公三十二年夏天，吳國攻打越國，晉國大夫史墨就預言，不超過四十年，越國就會滅吳，其理由就是這一年的歲星在越國，上天降福給越國，吳國攻打越國，犯了大忌。經過了三十八年，越國果然滅吳，印證了史墨的歲星之說。

但不是每個人都信這一套，《六韜》逸文就曾記載周公和姜太公對鬼神之說的論戰。

武王伐紂，當大軍來到汜水牛頭山時，突然雷電交加，暴風驟至，軍隊的旌旗都被摧毀了，武王的車騎也被雷擊中，面對這種突如其來的天災，周公馬上占卜，結果是凶兆，周公認為這是一場違背天意的行動，應該馬上班師回朝。姜太公卻不以為然，他說：「用兵勝敗的關鍵在人事，跟天意無關，順天意未必吉，逆天意也未必凶，但失去人事的努力，三軍就一定會敗亡。」姜太公又提高聲調說：「天意、鬼神有誰看到了？誰聽到了？但是暴虐的紂王殺了比干，囚禁了箕子，以奸臣飛廉執政，我們卻都看到了，像這種暴君，討伐他們有何不對？靠死去的烏龜和枯萎的蓍草，能告訴我們什麼？」姜太公說完，不顧周公的反對，把這些占卜的烏龜和蓍草通通焚毀折斷，繼續擊鼓前進，率領軍隊渡河，終於一舉滅了商紂。周公以天意為依歸，相信占卜天象，姜太公是務實的兵法家，處理事情看人事，最後相信人事的姜太公勝了相信天意的周公。

但話說回來，鬼神的運用，看似荒唐，也非一無是處，有時候人心在最無助的時候，拿來激勵人心，也有心理安定的作用，很多政治人物動不動就是「天佑××」，逢廟就拜，就是這種心理。歷史上有名的田單復國，也利用這種方式激勵民心。

《史記．田單列傳》記載，田單在齊國七十幾座城池淪陷之後，接下復國之重責大任，剛開始，勢單力孤，人心惶惶，此時只要是能凝聚大家力量的手段，他都願意拿來試試看。他下令城裡面的人吃飯時要灑一些糧食於中庭，讓鳥下來吃，然後宣稱是有神明下來幫忙，並找來一位士兵假裝成神師，每次練兵都說是神師的指示。田單用鬼神激勵人心，有了很好的效果，最後以火牛陣衝破燕軍的包圍，重新收復失去的城池。

但利用鬼神是助力，不是主力，領導人可以權宜運用，但不應該依賴這種思維，這無關鬼神存不存在的問題，而是當領導人把決定權交給一個未知的力量時，這個領導人就失去了自主判斷的能力，成為一個神祕天意的傳聲筒，那就會把戰爭帶進一個危險不確定的情境中，這是非常不負責任的行為。

## 所有的對立，都是一體

陰陽的第二、第三概念，就是陰陽人情化，把大自然的現象用到現實的人生，提出禍福相倚，相反相成的辯證理論。這一部分，在孫子的戰爭體系裡面占有很重要的位置，幾乎涵蓋了《孫子兵法》十三篇，你可以在十三篇當中，看到許多兩兩相對的名詞：敵我、主客、攻守、利害、強弱、眾寡、奇正、虛實、動靜、勝敗、速久、分合、進退、勇怯、勞逸、迂直、饑飽、生死、存亡、治亂、險易、遠近等等。

這些看似對立的名詞，在孫子的眼中，卻都是一體的，都是可以相互轉化的，譬如，敵我的對立不一定是永遠水火不容，可以化干戈為玉帛，主客可以易位，攻守可以轉換。孫子說：「亂生於治，怯生於勇，弱生於彊。」明明是混亂，但卻是亂中有序；表面是膽怯，轉身卻是無敵鐵金剛；看似柔弱不堪，卻是弱中帶強。所以只要懂得陰陽相互轉化的道理，在戰場上，你可以隨心所欲。這麼重要的觀念在往後的章節中，會不斷出現，這裡就不再多說。

## 陰晴晦明，為我所用

接著我們來談陰陽第一義，拋開陰陽的神祕性，回到理性客觀，充分理解大自然的規律，才是競爭場上必須研究的主要課題。曹操為什麼會平白送給孔明十萬支箭，不就是因為江上大霧，造成誤判，而孔明能夠成功，不就是因為他知道這時候江上會起霧嗎？沒有現代科技的輔助，孔明透過自己的努力掌握這個規律，是難能可貴的，千萬不要神話他的掐指一算，這是理性的光輝，不是裝神弄鬼的神祕。

二次世界大戰，由艾森豪將軍（Dwight Eisenhower）統帥的盟軍從諾曼第登陸，這是史上最大的登陸行動，能夠成功，最重要的關鍵就在對天候的正確解讀，儘管事前有很周詳的戰略戰術計畫，但登陸當天的天候如果判斷不準確，就可能功虧一簣。經過縝密思考分析，艾森豪認為月亮和風是成敗的兩大條件。前進的路線和目標的辨認需要月光照明，但是突襲階段，又必須天空漆黑，讓敵軍看不清楚，因此月亮起落的時間就成為最主要的考量。其次，行動還需要風平浪靜，風大浪急不但會造成艦隊相互碰撞，還可能讓士兵暈船，造成戰鬥力的損失，太大的風也會造成煙霧瀰漫，影響攻擊目標的設定。綜合這些需求，艾森豪最後敲定六月六日這一天，完成了史詩般的任務，名垂千古。

月亮的明暗，影響了諾曼第登陸的成敗，相同地，陽光的向背也決定了十七世紀日本江戶時代一場驚心動魄決鬥的勝負。

以「二刀流」劍術聞名於世的兵法家宮本武藏，和佐佐木小次郎相約在巖流島決鬥，決鬥當天，佐佐木急於求戰，一大早就來巖流島等候，宮本武藏卻故意遲到，讓佐佐木等得心浮氣躁，宮本武藏用了孫子「三軍可奪氣，將軍可奪心」的心理戰術，讓佐佐木輸了氣勢。而宮本武藏的故意遲到，還有另一個用意，就是讓太陽剛好走到他的背面，讓佐佐木直接面對刺眼的陽光，產生視覺的錯覺，而且宮本武藏還故意改變用劍習慣，削船櫓做了一隻比原來的劍更長的木劍，就是要利用陽光的干擾，趁佐佐木的眼睛不能正確地量準距離的情況下，出其不意地使用長劍，讓佐佐木措手不及。宮本武藏準備了三套策略，佐佐木次郎卻一無所知，所以當宮本武藏駕著小船，背著陽光駛向佐佐木時，等得不耐煩的佐佐木小次郎，迫不及待地對著宮本武藏大刀一砍，但因為陽光刺眼，又沒想到宮本武藏用較長的武器，所以一劍失準，反而被宮本用船櫓削成的長劍擊中，一場決鬥就這樣結束了。

陰晴晦明是視覺的感受，但是在視覺不能發揮的情況下，必須打開其他感官做為輔助。清朝大將軍年羹堯有一次紮營，半夜忽然把士兵叫醒，告訴他們敵人將在一個時辰到達，士兵看看星月皎潔，萬籟俱寂，完全無法想像敵人會在這個時候打過來，對於將軍的說法都持存疑的態度，但大家還是不敢怠慢，快速著裝備戰，果然如年羹堯所言，一個時辰過後，敵人真的攻過來了，因為年羹堯事先告知，才沒有造成無法彌補的傷害。原來年羹堯是聽到一群野雁的叫聲而做出判斷，因為野雁半夜不會無緣無故飛行啼叫，一定是受到驚嚇，年羹堯依此判斷有敵軍朝著他們的方向過來，因為野雁在離他們營區三十里路的沼澤地休息，所以他判斷敵人到達的時間約莫是一個時辰。

## ❖明暗是客觀的，也是主觀的

各行各業，也都會運用明暗的原理創造對自己有利的條件，做生意的人擅長利用光線製造不同的氣氛，吸引顧客光臨，譬如：蔬菜水果上面打光，讓蔬菜更鮮綠，讓水果更可口，增加顧客的購買欲；餐廳昏暗的燈光，創造浪漫的氣氛，吸引情人光臨；藝術展覽，也會用燈光聚焦在藝術品上，創造出更高的價值感；而年輕人談戀愛，會選擇花前月下，所謂「月上柳梢頭，人約黃昏後」，而不會在大太陽底下耍浪漫！

明暗是客觀的，也是主觀的，更是辯證的，光天化日之下騙你的才是大盜，躲在暗處的只是賊，一樣的世界，不一樣的解讀。要相信你的眼睛，但也不能太相信眼睛，巴洛克前期的畫家卡拉瓦喬（Caravaggio）的明暗對比，讓平面變成立體，算不算欺騙？你睜大眼睛也不見得能看出大自然萬物的擬態，所以宋代的白雲守端禪師才說：「蠅愛尋光紙上鑽，不能透處幾多難。忽然撞著來時路，始覺平生被眼瞞。」如果不用心，我們都只是睜眼瞎子。

**兵法快遞**

每一件事情的發生，絕對不會是單一事件，要從整個宇宙關係網來看待它。

## 二 對冷暖感受強烈的人，在大自然面前會更謙卑

日本曹洞宗之祖道元禪師來到中國參學，住在浙江天童山景德寺，一日看到一位老和尚在大太陽底下曬香菇，他看到這位身體微駝的老和尚，心裡不忍，就跟他說，找別人來做吧！「別人不是我」，這位老和尚丟出這句話，道元心頭一震，的確，修行是別人不能替代的，想不到一個打雜的和尚竟然語出驚人，道元接著說：「現在太陽太大了，等會兒太陽小一點再曬吧！」老和尚又說：「此時不曬，更待何時？」這下道元禪師真的服了，修行的功夫就是火裡來，水裡去，太陽不大怎麼曬香菇，功夫不深，怎麼成佛？

### ❖ 冷暖人生

寒暑，指氣候的冷暖，冷暖是五感中身體的感受。冷暖是大自然的情緒，牽動了我們身體的神經，讓我們感受到生命的存在，「履霜堅冰至」，踩到秋霜的冷冽，就知道冬天即將來臨，春寒乍暖，就知道要開始下田播種，我們就在大自然冷熱的感受中，建立了我

們的人生哲學，也在大自然冷暖的淬鍊下，強健了我們的身心。

冷暖的變化規律，讓我們生活有了依據，春耕、夏耘、秋收、冬藏，讓我們很自然地順應自然的節奏，跳著我們人生的舞曲。明朝文人張潮的《幽夢影》說：「讀經宜冬，其神專也；讀史宜夏，其時久也；讀諸子宜秋，其致別也；讀諸集宜春，其機暢也。」經書是結晶的人生，須專心一志，才能體悟，冬天萬籟俱寂，最容易攝智歸心，所以冬天適合讀經。史書是朝代的更迭興衰，有前因後果，須一氣呵成，始能了解本末先後之關聯，不致斷章取義，所以夏天日長，最適合讀史書。諸子百家，各擅勝場，巧妙各有不同，秋氣肅殺，不留情面，最容易讓人理性判斷，所以秋天適合讀諸子。集是個人的生命感受，需要有同理心，需要興發生命的源頭活水，春天萬物生機盎然，最容易觸動敏感的神經，所以春天適合讀集。張潮描繪的這幅生活圖像，刻畫了我們因應氣候變化的冷暖人生。

## ❖拿破崙和曹操，都得低頭

戰爭是移動的哲學，移動就必須面對氣候的改變，也會影響身體的感受，本來「一方水土養一方人」，不同的氣候環境造就了不同的風土人情，人習慣了自己的環境，冷暖不會造成問題，但是「橘逾淮而為枳」，人離開自己習慣的土地，就會出現水土不服的現象，不但影響身體的健康，虛弱的身體對於當地的病毒沒有抵抗力，容易感染瘟疫，常常是影響戰爭勝負的關鍵。所以你必須適應不同環境的氣候，克服水土不服的現象，否則你就過不了氣候這個檻。

我們來看看兩個案例：

## 兵敗俄國的拿破崙

拿破崙，那個讓樂聖貝多芬（Ludwig van Beethoven）傾心，讓法國人瘋狂的法蘭西英雄，他身經百戰，是戰場的常勝軍，但為什麼會兵敗俄國？而且一敗塗地，就是因為過不了氣候這個檻。

六十萬大軍出征沒多久，士兵開始染上由蝨子傳播的病毒，一個個倒下，有目擊者形容士兵脫下長滿蝨子的外套丟入火爐焚燒，蝨子燃燒所發出的聲音，如兩軍交火般，但是被榮耀沖昏頭的拿破崙，無視士兵痛苦的掙扎，堅持加速前進，惡劣的氣候、糟糕的環境、沒有隔離疫情傳播，讓六十萬大軍暴露在高度的危險當中，果然死亡人數隨著行軍的速度增加，當大軍攻到莫斯科時，士兵已無力翻越莫斯科的城牆了，加上俄國實施堅壁清野的戰術，留下一座空城給拿破崙，看著這座廢墟，餓著肚子的拿破崙也只能打道回府，但為時已晚，嚴寒的冬天提早來臨，加上俄軍趁勢反撲，一場沒有敗績卻輸得徹底的戰爭，就這樣畫下休止符，六十萬大軍最後只剩幾萬人返鄉。這讓我想到那個一樣威風的項羽，當八千子弟兵都戰死在戰場上時，他無顏見江東父老，最後選擇自刎，他沒有反省，把責任歸給老天，「此天亡我，非戰之罪也」，而拿破崙沒有自刎，卻也一樣沒有反省，以至於他的人生從此走下坡，再也不能呼風喚雨。

## 鎩羽赤壁的曹操

談三國，一定要談赤壁之戰，談赤壁之戰，當然要談曹操，這個允文允武的漢相，在這場戰役中，一樣過不了氣候這個檻。

想掃平南方東吳勢力，曹操大氣豪邁，只給一封恐嚇信，恐嚇孫權，要不投降，要不就等著收屍，嚇得孫權手足無措，不知如何是好，還是大都督周瑜穩得住，為孫權細數曹操有四個敗象，其中一項就是氣候，他說：「你曹操敢在嚴寒的季節出兵，不怕沒有糧草？北方人來南方，不怕水土不服而生疾病？你犯了兵家大忌，自尋死路，我還怕你不成。」果然不出周瑜所料，曹操大軍還真的碰上瘟疫，《三國志．魏書．武帝紀》中有這麼一段：「公至赤壁，與備戰，不利，於是大疫，吏士多死者，乃引軍還。」赤壁一帶是血吸蟲病的嚴重流行區，交戰前是血吸蟲病的流行季節，曹操碰上了，不能怪任何人。但他和拿破崙不同，他沒有把戰爭延續下去，他選擇班師回朝。一樣敗在氣候和瘟疫，但是處理方式不同，結果也大不同，曹操延續了魏的命脈，拿破崙卻結束了自己的王朝。曹操的失敗並不是小說寫的中了周瑜、孔明的連環計，曹操深懂兵法，是注解《孫子兵法》的第一人，還是大讚《孫子兵法》「深矣」的明眼人！曹操其實沒有那麼不堪，他深懂留得青山在，不愁沒柴燒的道理，「退後原來是向前」，在氣候面前，他懂得謙卑，事後證明他是對的。

## ❖做一個馴服氣候的高手

氣候這個任性的姑娘，讓拿破崙和曹操都不得不低頭，如果我們對它還不用點心，恐怕它就會是擋在你前進的路上，讓你永遠跨不過的檻。

### 第一、懂得迴避

面對氣候，首先你要懂得迴避，迴避不是怯懦，是識時務者為俊傑，是尊重，《司馬法》認為：「冬夏不興師，所以兼愛民也。」避開嚴寒酷暑的季節出兵，不但迴避可能的風險，也是體恤百姓的表現。這一點美國老布希總統打波斯灣戰爭，就做得不錯，雖然大軍早已開到戰場，但他還是按兵不動，避開七、八月盛暑，直到接近年底，耶誕過後，天氣轉涼，才發動攻擊，結果不到兩個禮拜的時間，就快速地拿下這場勝利。「順著毛摸」，是天氣教我們的人生第一課。

## 第二、承認天有不測風雲

氣候是百變的魔術師，變是不變的法則，做任何事，要有面對變化的心理準備。拿破崙說：「無論從事任何事，三分之二應事先計畫，三分之一由機會決定。加重前者份量是怯懦，過於依賴後者則屬魯莽。」他認為每一件事都有三分之一是不能掌握的，氣候就是，拿破崙知道這個道理，但是他沒有認真思考怎麼去面對這「三分之一」，否則他不會面對突如其來的嚴冬和瘟疫，卻束手無策。

榮獲獎牌無數的美國游泳好手，號稱「飛魚」的菲爾普斯（Michael Phelps），他的教練長期以來就是把意外狀況都納入訓練的項目，所以菲爾普斯具備了可以應付各種狀況的能力，儘管碰上意外狀況，不但不會影響他的表現，反而更加激發他的鬥志。例如二〇〇八年北京奧運，有一場比賽，菲爾普斯的泳鏡破掉，幾乎像盲泳一般完成比賽，竟然還拿到冠軍，這就是懂得處理「三分之一」的高手。

## 第三、設停損點

在氣候面前，不要逞強。既然沒有人可以完全預測未來的變化，所以當你已盡人事，還是不能避免料想不到的情況時，你必須當機立斷，走為上策，這叫做「停損」。拿破崙眼看士兵得瘟疫，卻堅持前進，不設停損點，最後落得不可收拾。曹操當機立斷，設下停損點，雖然一時受挫，但不減損他之後捲土重來的能量。投資市場有千萬條獲利法門，但沒有停損這一條，就可能前功盡棄，一切歸零。經濟學裡有一個叫「沉沒成本」的理論，投資者投資失利，卻不甘心損失，而不願意停損出場，以致一錯再錯，造成更大的損失。人生規劃何嘗不是如此？天道好還，循環不已。只知進不知退，不符合天理。「應走不走，反受掣肘」，史例昭昭，可為殷鑑。

## 第四、尋找馴服方法

最後，尋找馴服氣候的方法，甚至是利用氣候不受馴服的特性，創造更大的價值，這是對氣候最積極的對應方式。早在兩千多年前，《莊子．逍遙遊》就記載了這樣的故事：

有一個聰明的外地人，打聽到一戶人家有不龜手的藥，就拿出百兩黃金購買，並獻給吳王，吳王很高興，在嚴寒的冬天拿來與越國打仗，因為有了這種藥，士兵不怕受凍，手腳不龜裂，因此獲得大勝，這位聰明的外地人也因此得到吳王很豐厚的賞賜。這位外地人，就是一個懂得馴服氣候的高手。

惡劣的氣候雖然會造成行動的不方便，甚至傷害，但是「煩惱即菩提」，轉念思考，誰說這不是一個試劍的好機會？王永慶的「冬天賣冰」哲學就是這樣思考，他說：「冬天顧客少，風險大，相對的壓力也大，所以要學習節省開支，控制成本，還必須全力推銷，加強服務，讓顧客願意光顧，把這些本事學會了，熬過冬天的難關，等到夏天一來，便能輕鬆獲利。」

## ❖魚不可脫於淵，人與氣候相依為命

了解氣候，適應氣候，就能享受氣候帶來的恩典，也能規避氣候帶來的傷害，如果更進一步從根源去看氣候和人生的鏈結，就會看到氣候跟我們的關係就像魚不可脫於淵，鳥不可離於林，這個觀念是老祖宗的智慧，兩千多年前就已存在。

《氣候經濟學》（*Und jetzt...die Wirtschaftsaussichten*）作者弗里德黑姆．施瓦茨

（Friedhelm Schwarz）從經濟學的角度來看，他說：「一隻在中國的蝴蝶揮動翅膀，可能會引發加勒比海的一場颶風，氣候專家的這個認知可說是新經濟思想的開端。」把「蝴蝶效應」的理論放到經濟活動裡面來看，他看到一個新經濟思想的開啟，其實這是普通常識，只是回歸經濟的基本面而已，經濟的世界從來沒有離開過氣候的因素，只是長期以來竭澤而漁的習慣，把這個相依為命的關係搞壞了而已，孟子說：「數罟不入洿池，魚鱉不可勝食也；斧斤以時入山林，材木不可勝用也。」打魚不要用太密的網子，那麼就可以有吃不完的魚，砍伐木頭，要有季節性，那麼森林就會生生不息，就會有用不完的木材，人懂得與自然共生，人類就不愁衣食短缺，這是經濟學的第一課，一種簡單的觀念，卻成為當今的顯學，讓人不勝唏噓！

不只是經濟，氣候早已是一個政治性議題，中國氣象學專家竺可楨先生曾做過研究統計，過去五千年的氣候變化大致劃分為四個溫暖期和四個寒冷期，不同冷暖期所相對應的朝代，剛好也正是朝代興衰更替的關鍵時期，這不是一個巧合，而是告訴我們政治是氣候的延伸，氣候才是政治的核心，自外於氣候變遷的政治人物，注定是要失敗的。

古代的政治體制內，氣候由宰相負責，意謂著對氣候變遷的重視，必須提昇至國家最高層級。《漢書．丙吉傳》記載一段「丙吉問牛」的故事：

漢宣帝丞相丙吉，有次微服出巡，見路人打架，他視而不見，繼續往前走。過了不久，見路上一頭牛邊走邊喘大氣，丙吉馬上趨前詢問。隨從好奇地問他：「丞相，剛才路上發生打架事件，攸關人命，您不理會；現在卻關心起路邊的一頭喘氣的牛，您是不是本末倒置了？」丙吉回答說：「打架的事，自然會有管理治安的地方官吏處理，而在春天溫暖的季節裡，牛隻卻無緣無故喘大氣，我擔心這是氣候異常的徵兆。氣候異常可是會影響到全國百姓的生計與國家安全，如此大事，我怎能不過問？」

孔子有一次和他的學生子路、曾皙、冉有、公西華在一起聊天，孔子要他們說說自己的志向，子路說可以治大國，冉求說自己可以治小國，公西華說自己的才華只能做做宗廟的事，孔子頻頻點頭，對這些學生的表現很滿意。輪到曾點，他卻不談治國，只說自己最想做的事，是在暮春的時候，穿著輕便的衣服，和幾個好朋友一起到河裡沐浴，在高臺上吹風，然後一路唱著歌回家。孔子聽完，大為激賞，直呼：「曾點啊！我跟你想法一樣啊！」

曾點講得雲淡風輕，但這可是中華文化「天人合一」思想的最高境界，只有不離開大自然，懷抱大自然的人，才能享受「好鳥枝頭亦朋友，落花水面皆文章」的自在生活，也才能深切感受和大自然對立，破壞大自然的荒謬，當大自然已經透過氣候表達了他不滿的情緒，人類還不懂得適可而止，我想，當河水不再能沐浴，高臺的風不再涼爽，也應該是我們快樂歌聲停止的一天了。

**兵法快遞**

只有擁抱自然的人，才能深切感受到破壞自然的荒謬。

# 三 沒有時間觀的人，看不到機會

皇后替國王生了一個女兒，國王很開心，希望女兒快快長大，詢問群臣們有什麼辦法？群臣挖空心思，一點辦法也想不出來，這時候有一位太醫自告奮勇地跟國王說：「我有辦法！但是這種快速長大的藥，在很遠的地方，需要花很長的時間才能得到。」國王問需要多少時間？太醫說：「十二年，而且這段時間您不能見公主。」國王答應了。時間一天天過去，轉眼間過了十二年，公主已經長得亭亭玉立，太醫帶她來見國王，國王簡直不敢相信自己的眼睛，直誇太醫神通廣大。（《百喻經》）

你或許不相信人間有這種國王，但是你一定要相信時間是有價值的，在不知不覺中，它已改變了你的人生。面對戰爭，時間有三種概念，一是時間，一是時勢，一是時機。誰能有效地運用時間、審時度勢、把握時機，誰就握有戰場的主導權。

## ❖時間是最昂貴的成本

每個人的時間都是有限的，而且時間不會等人，所以我們每個人都在有限而且不等人的時間限制下，努力地規劃自己的一生。

戰場上，時間的成本非常昂貴，每一分每一秒都是成本，人力成本、財務成本、曝險成本、精神壓力和不能生產的成本，所以必須更有效地利用時間，把成本縮小，所以孫子提出「速戰速決」的主張：「其用戰也勝，久則鈍兵挫銳，攻城則力屈，久暴師則國用不足。夫鈍兵挫銳，屈力殫貨，則諸侯乘其弊而起，雖有智者，不能善其後矣。故兵聞拙速，未睹巧之久也。」

戰爭打太久，武器會缺損，士氣會低落，攻城會耗盡力量，曠日持久的戰事會把國家財政拖垮，如果軍隊疲累，銳氣消失，兵力耗盡，財政枯竭，那別的國家就會趁虛而入了，到了這個時候，再聰明的人恐怕都沒辦法善後了，所以戰爭的指導原則就是「速戰速決」。

**誰有權力，毀掉一個人的一生？**

把一個人的一輩子耗在戰場上，不管理由是多麼充分，都無法說服任何人，因為這就是他的一生，漢朝詩〈十五從軍征〉：「十五從軍征，八十始得歸。道逢鄉里人：『家中有阿誰？』遙看是君家，松柏冢累累。兔從狗竇入，雉從樑上飛。中庭生旅穀，井上生旅葵。舂穀持作飯，采葵持作羹。羹飯一時熟，不知貽阿誰？出門東向看，淚落沾我衣。」十五歲的青春少年，就被派到戰場，到八十歲才從戰場返鄉，回到家裡，物是人非，一輩子在戰場度過，讀來令人心酸，是誰有這個權力，毀掉一個人的一生。而那些連家都不能回，戰死沙場的士兵就更不用說了。樂府詩〈戰城南〉：「戰城南，死郭北，野死不葬烏可食。為我謂烏：且為客豪！野死諒不葬，腐肉安能去子逃？」生命被困在一個不知道明天能不能看到太陽的沙場，永恆絕望的心情，是最煎熬的。想到自己死後連屍體都無法安葬，會成為烏鴉的食物，看著烏鴉，竟然懇求烏鴉：「能不能在我死的時候，吃我之前，為我哭三聲？」這卑微的哀求，讓人心痛不捨。

久戰沙場最難熬的就是思鄉的情緒，那個不在身邊的小孩有沒有好好地長大？年邁的父母安在否？「馬上相逢無紙筆，憑君傳語報平安」，除了這樣做，還能做什麼？當年出征的豪情壯志，慢慢地消磨殆盡，士氣低落成為將軍帶兵最大的挑戰，春秋五霸之一的秦穆公有一年率兵出征，也因久戰不歸，士兵士氣低落，夜晚殺馬為食，秦穆公不愧五霸之一，知道士兵不顧法紀，是情緒無法排解的宣洩，「民不畏死，奈何以死懼之」（《老子》），當機立斷，不但沒有處罰，反而送酒給他們配馬肉吃，才獲得士兵的信任，恢復士氣，願意上場殺敵。

更麻煩的是沒有人生產，連吃飯都成問題。孫子說：「怠於道路，不得操事者，七十萬家。」可以生產的人都耗在征途，家中剩下老弱婦孺能做什麼？杜甫〈兵車行〉詩：「縱有健婦把鋤犁，禾生隴畝無東西。」物資缺乏，國庫空虛，物價飛漲，民不聊生。時間越久，情況就越惡劣，內憂外患，前院告急，後院失火，最後難以收拾。

最嚴峻的還有第三國乘虛而入，除了自己國內的問題之外，鷸蚌相爭，漁翁得利，在複雜的國際關係中，兩國相爭，會牽動其他國家的勢力消長，這都是久戰造成的傷害。

## 「快」是目的，「慢」是手段

速戰速決是時間成本的算計，也是機會成本的算計，何嘗不是人生成本的算計？速戰速決讓我們更專注，激發潛能，帶動士氣，避免資源浪費，避免夜長夢多，速戰速決讓我們濃縮了生命的密度，讓生命更有張力，更有活力，在有限的時間中創造更大的可能。

速戰速決的快是準備時間的長所促成的，研發的時間長，才能促成執行的時間短；戰略的思考長，才能促成戰役的實踐短。只有充分的準備，才能保證執行的快速，一個年輕畫家向老畫家抱怨，為什麼他的畫作整年都賣不掉？老畫家問他花多少時間構思一幅畫？年輕藝術家說一天，老畫家說這就對了，我花一整年構思一幅畫，所以一天就賣掉，你花一天構思，所以要花一整年還賣不掉。台上一分鐘，台下十年功，道理在此。

速戰速決，不能只看到快，因為競爭的場域，有一個跟你一樣會思考的對手，你想要快，他不讓你快，所以有時候要慢下來，日本想要三月亡華，結果打了八年，希特勒（Adolf Hitler）對俄國實施閃電戰，卻是天不從人願，欲速則不達，當你的對手不給你快的條件時，你只能等，只能慢，「快」是目的，「慢」是手段，慢是為了快。所以說「快中有慢」、「慢中有快」、「快慢統一」，這樣的快才能產生戰略藝術的魅力，孫子的速戰速決要進到這一層看，才能看出其精彩。

## ❖時勢是人生的座標

時勢是人生的座標，對時勢的充分了解，才能確立自己的角色，知道我該做什麼？誰是我的夥伴，誰又是我的競爭對手？我的舞臺在哪裡？我該具備什麼能力？蘇秦說得不錯：「時勢者，百事之長也。」時勢的認知是成就所有事情的基本條件，昧於時勢，就會失去著力點。老子說：「君子得其時則駕，不得其時則蓬累而行。」（《史記‧老子韓非列傳》）誰掌握了時勢，就能春風得意，反之，就會像飛蓬無根，顛沛流離。

李白詩：「朝辭白帝彩雲間，千里江陵一日還。兩岸猿聲啼不住，輕舟已過萬重山。」這是順長江上游而下的行程，輕鬆愉快，千里路遙只要一天就可到達。蘇東坡故意反其道而行，由下游逆流而上，結果足足走了三個月才到達，這就是順勢、逆勢的差別。

## 孔明錯了嗎？

孔明〈隆中對〉，一對足千秋，歷來被稱許。如果從當時形勢分析，擬定天下三分架構，先站穩腳步，再求北伐中原的策略，看起來問題不大，但深入分析，就會發現在「審時度勢」上，孔明出現了嚴重的瑕疵。

嚴格講，〈隆中對〉是一篇勵志文，有著「知其不可而為之」的精神。但是從戰爭的角度來看，其實是非常不負責任的。孔明是把天下當成一個實驗的舞臺，他在試劍，他要以個人的意志去對抗當時的國際大勢。

首先，從民心之向背來看，曹操「以弱為強者，非惟天時，抑亦人謀也」，統領百萬大軍，不只占有天時，號召力也夠；孫權更是「國險而民附，賢能為之用」，早已擄獲民心，反觀劉備，儘管如孔明所說的「信義著於四海」，但還是空話一句，能不能化為實際上百姓的認同都還是未知數。

其次，再論實力，對曹操是「此誠不可與爭鋒」，對孫權是「此可以為援而不可圖也」，一個曹操不可與爭鋒，一個孫權不可圖，那劉備還玩什麼？孔明知道大勢底定，劉備的機會很小，但他還是硬著頭皮，規劃了一個藍圖，他相信只要按照這個規劃，最後還是可以達標：「則霸業可成，漢室可興矣。」這是死馬當活馬醫。

再仔細看看孔明所規劃的藍圖，問題就出在太多的「但書」，首先劉備必須奪荊州和益州做為根據地，然後「西和諸戎，南撫夷、越，外結好孫權，內修政理」，等到「天下有變」，就有北定中原的機會。但是荊州、益州都是名花有主，想要橫刀奪愛，這算哪門子的「信義著於四海」？而且荊州四通八達之地，奇貨可居，天下英雄垂涎之地，要據為己有，談何容易。還要跟自己爭天下的對手孫權聯合作戰，策略上是聯合次要敵人，打擊主要敵人，但是孫權何許人？連曹操都要稱讚「生子當如孫仲謀」，是可以這樣玩的嗎？孔明把國之大事建立在這麼不穩定的基礎上，豈非兒戲？

孔明應該清楚，他和劉備都已「失其時」了，司馬徽早在孔明被劉備延攬時就說過了：「臥龍雖得其主，不得其時，惜哉！」

「不得其時」有兩個意思，一是進場太晚，一是昧於形勢。

所謂「秦失其鹿，天下共逐之，於是高材疾足者先得焉」，東漢亂局，給了天下英雄逐鹿中原的機會，每個英雄都想當皇帝，但是最後勝出的只有一個，孔明設計的藍圖，嚴格講，連造就三國鼎立的態勢都很辛苦，更不要說一統天下了。三國鼎立，並不是戰爭的最後結局，「高材疾足者」想的是最後的統一，所以造就三國鼎立，只是讓戰事延長，生民塗炭，社會成本增加而已。

孔明在想什麼？他不去輔佐最有可能統一天下的曹操或孫權，卻硬要再起一個新勢力與之抗衡，勉強造成三國鼎立，再等待機會北伐中原，爭取大位，是故意忽略現實，還是太有自信？孔明自視甚高，自比管仲、樂毅。他一定認為雖然起步太晚，但是憑藉其才華，應該可以來個「後發先至」，但是逆勢而行，孔明傾一生之努力，「鞠躬盡瘁，死而後已」，仍舊敵不過天下大勢，最後功敗垂成，也只能徒呼負負了。

「時之用大矣哉」，這是《周易》很多卦都會出現的名言。每一個人都應該認真參透這個道理。或許有人認為事在人為，你太悲觀了。我同意，主觀的力量有時候可以創造驚奇，但是在戰場上，每一個決定都是用人民的生命做賭注，所以在客觀形勢不利之下，有決定權的人，更應該謹慎為之了。

## ❖時機是成功的入口

時機就是機會，機會一來要趕快抓住，俗話說：「機不可失，時不再來。」

姜太公說：「太陽到了中午的時候，要抓緊時間曝曬；刀子已拿在手上，就要趕快收割；拿起斧頭，就要趕快砍伐。中午不曝曬，就是失時；拿刀不收割，就會錯了收割期；拿了武器不殺敵，敵人就會殺過來；細小的水流不堵住，就會流成江河；微弱的火星不撲滅，就會釀成大火；剛長出兩片葉子的小樹不除掉，以後就要動用斧頭去砍伐了。」（《六韜．文韜．守土第七》）

時機點的掌握，不容易，所以孫子才說：「知可以戰與不可以戰者勝。」能夠判斷可不可以出兵的將軍就可以獲勝。相同地，每一個投資者進出市場，如何掌握高出低進的時機點，同樣不容易，也許大家都知道「貴出如糞土，賤取如珠玉」的理論，但是卻很少人知道那一個出手點在哪裡。

### 心中的迷霧，使你看不見機會

其實時機無處不在，你看不見，是因為你被蒙蔽了，「五色令人目盲，五音令人耳聾，五味令人口爽，馳騁畋獵令人心發狂，難得之貨令人行妨。」（《老子》）你只用你習慣的方式或偏見看，你只看你想看的，而不是看真相，你的感官被美色、美味、美音迷惑，追逐稀有的權力、名位、名牌。你的喜好和偏見成為你看不到機會的障礙，金庸《笑傲江湖》中的江南四友，黃鍾公、黑白子、禿筆翁、丹青生，因為太迷戀琴、棋、書、畫，以至於失去理性的判斷，被令狐沖依其所好所敗。

《與成功有約》（*The 7 Habits of Highly Effective People*）書中有一個故事，描寫一位船長，有一次出海演習，當天起霧，視線不明，突然士兵回報前面有光，船長問：「是否對著我們的船來？」士兵答是，船長立刻拿起麥克風大聲說：「請前方的船向右轉二十度。」對方也大聲說：「請前方的船向右轉二十度。」船長很不高興，又大聲地說：「我是船長，請你向右轉二十度。」對方回答說：「我是二等兵，請你向右轉二十度。」船長這次拉高分貝地說：「我這裡是戰艦，請你向右轉二十度。」對方也不甘示弱，大聲說：「我這裡是燈塔，請你向右轉二十度。」這個故事很幽默地說出許多人共同的盲點，我們一生被太多的偏見蒙蔽了，以至於看不清楚真相，連你自己的人生燈塔都看不見，這樣的腦袋如何能看清楚時機在哪裡呢？

機會留給準備好的人，準備好的人也才看得到機會，我們常看到很多禪師的悟道經驗都很戲劇性，譬如被師父棒喝、掃地時石頭打到竹子彈出的聲音都可以悟道，千萬不要以為很容易，殊不知這需要坐破幾張蒲團，幾個晨昏夜晚的思索，誦多少經，吃過多少苦，才能在時機成熟時頓悟。

## 最善於等待的人

當時機未到，要學會等待，孫子說：「先為不可勝，以待敵之可勝。」這是等待的智慧，如英國詩人雪萊（Percy Bysshe Shelley）的詩：「冬天來了，春天還會遠嗎？」

范蠡深懂箇中三昧，並以此輔佐越王勾踐順利稱霸。首先他訂出「持盈者與天，定傾者與人，節事者與地」做為出兵與否的最高指導原則，天時、地利、人和是安邦定國的三根大柱子，所以只有敵人失去了天時、地利、人和，才是出兵的時機。要有耐性，不能急躁，他說：「高山會變平地，茂密的樹葉會凋零，太陽會西下，月亮會由盈轉虧，四季會輪替，金木水火土五行會相生相剋，白天晚上會輪流，天氣會冷暖交替，『物極必反』，機會一定會來。」

但是越王勾踐復仇心切，耐不住性子，一直想要出兵。范蠡不斷地提醒他說：「強索者不祥，得時不成，反受其殃。」強摘的果實不甜，時機不對，勉強行動，不但得不到想要的結果，甚至還會受害。越王勾踐終於聽進去了，經過「十年生聚，十年教訓」的漫長等待，果然等到機會來了，吳王夫差荒淫無道，殺忠臣，失去人和，而且天災造成乾旱，害蟲啃食農作物，穀物歉收，百姓生活陷入困境，又失去了天時、地利。范蠡認為時機已成熟，必須馬上行動，他告訴越王說：「從時者猶救火，追亡人也，蹶而趨之，唯恐弗及。」抓時機就像救火，像追逃亡的人，儘管倉促而摔跤也在所不惜，就是怕機會失去再也沒有了，越王馬上出兵，果然大勝吳國，逼得吳王想要求和，范蠡又說：「得時無怠，時不再來，天與不取，反之為災。」該掌握的時機不掌握，時機不會再來，老天給你機會你不要，有可能因此埋下禍端。越王勾踐覺得有道理，不給吳王機會，終於滅吳。

## 不缺少機會，缺的是發現

要看到什麼機會，就看你有什麼樣的修養：

有深度的人從深度看到機會，蕭何月下追韓信，因為他看到韓信深藏不露的才華。

有廣度的人從廣度看到機會，莊子〈逍遙遊〉裡的大鵬鳥知道要高飛九萬里，才能看到天的本色，和蒼天的無邊無際。

有未來觀的人看到未來的機會，正如唐代杜荀鶴的〈小松〉：「自小刺頭深草裏，而今漸覺出蓬蒿。時人不識凌雲木，直待凌雲始道高。」

廣結善緣的人，別人會給你機會。羅斯福有一次趕著去參加會議，途中，見一對老夫婦瑟縮在冬夜的屋簷下，不顧會議時間來不及，馬上下車把自己的大衣送給老人，因為這個誤點，幫他躲過德軍埋伏在路途的暗殺。

懂人性的人，看到人性的機會。香港商人梁文理到美國看到有人戴假髮，他知道那時流行美化、掩飾自己的缺點，回香港馬上做假髮生意，大賺一筆，幾年後，又到美國發現流行穿牛仔褲，他知道這是一個表現自己的率性年代，馬上把假髮收掉，改賣牛仔褲，又大賺一筆。

沒有分別心的人看到「煩惱即菩提」，看到無物不美的機會，蘇東坡說：「凡物皆有可觀，苟有可觀，皆有可樂。」

法國雕塑家羅丹（Auguste Rodin）說：「這世界並不缺少美，而是缺少發現。」如果我們都能打開心眼，機會自然就會出現在我們眼前。

# 第四章 地

老虎要發威就要傲嘯山林，蛟龍要逞能就要騰飛九天，「龍困淺灘遭蝦戲，虎落平陽被犬欺」，沒了搭配的舞臺，就沒戲唱了。

地形就是將軍的舞臺，孫子說：「料敵制勝，計險阨遠近，上將之道也。」最優秀的將軍必須能準確預測敵人動向，和掌握地形的特色。

地形種類繁多，孫子歸納出九類，即散地、輕地、重地、爭地、交地、衢地、圮地、圍地和死地。

散地在自家打，士兵心理鬆散，沒有鬥志；輕地剛要進入敵境，士兵腳步漂浮不踏實；重地是進入敵國境內，回不了頭；爭地是好地方，大家搶著要；交地空曠，大家都可以往來，看似誰都可以占有，卻沒有一個有把握；衢地是有第三國，不談合作都不行；圮地是不好的地形，離開是最好的選擇；圍地是被包圍了，除了脫困，就是等機會；死地是沒有活路的地方，除了不放棄，還是不放棄，沒有其他辦法。

九地猶如人生九境，散地、輕地、重地是人生打拚的三階段，養成儲備、初試啼聲和開疆拓土；爭地、交地和衢地是競爭的大舞台，搶占地盤、步步為營、合作共生。圮地、圍地和死地是人生的困境，須想辦法趨吉避凶、脫困求生和激發潛能。

人生九境是一部人生開拓史，訴說著人生的酸甜苦辣，記錄了生命成長的軌跡，人生不管碰到什麼處境，都必須腳踏實地，一步一腳印，用心面對，才能體悟土地帶給我們的意義。

**兵法快遞**

是船隻就要遠航，大風浪考驗著一個新手的決心。

# 一　決心決定你人生版圖的大小

蜀國邊境住了兩個和尚，一窮一富，有一天，窮和尚告訴富和尚：「我想到南海，去見識見識。」富和尚說：「你憑什麼前往？」窮和尚說：「我只要一個裝水的水瓶，和一個裝飯的缽就夠了。」富和尚說：「你以為這麼容易嗎？我也想去南海，已經籌備好幾年了，到今天都還沒成行，你就憑藉這個水瓶和缽，就想要到南海，你也太天真了吧！」窮和尚沒再說什麼，依照自己的計畫，起身前往南海。過了兩年，窮和尚真的從南海回來了，富和尚竟然還沒有動身。

勇敢地走出去就有機會，意志力與熱情可以彌補客觀條件的不足，戰場上的散地、輕地和重地，雖然有不同的挑戰難度，但是要能克服難關，不向環境妥協的決心是一樣的。

散地在自家打，士兵容易臨陣脫逃；輕地剛出國境，士兵會躊躇不前；重地深入敵境，需要自食其力。這就像人生的三個階段，養成儲備、初試啼聲和開疆拓土。第一階段，養成儲備：受到保護，很容易情感依賴而沒有面對困難的勇氣，所以孫子表面上雖然提醒「散地則無戰」，卻是反向提醒應該克服依賴心理，養成獨立自主的能力。第二階段，初試啼聲：萬般起頭難，很容易因挫折而打退堂鼓，所以孫子提醒要勇往直前，要「輕地則無止」，展現決心。第三階段，開疆拓土：深入敵境，進入陌生的國度，必須適應一切的挑戰，必須自力更生，孫子說要「重地則掠」，就是強調在異鄉立足，要能運用當地資源，創造價值，造福人群，才能站穩腳跟。

## ❖散地：戀家心理

孫子說：「諸侯自戰其地，為散地。」「散地則無戰。」戰場在自己的國家，就叫「散地」，因為親人都在身邊，放不下情感，很容易失去鬥志，不利於跟敵人硬拚，所以最好不要輕啟戰端。

散地心理就是戀家心理，家是我們的暖心窩，是我們的避風港，是我們情感的寄託所在，我們在這個保護傘底下成長茁壯，放不下親人，這是人之常情。但是戰場不是由你決定的，當敵人已侵門踏戶，不允許你躲在家裡不出來，所以孫子講「散地無戰」，那應對的方法是什麼呢？

孫子說：「對內要先把自己的人力和糧食聚集，把城牆修好，並做好防禦工事。對敵要從斷糧和打擊士氣下手，斷了敵人的運輸糧道，再採取拖延戰術，閉門不出，敵人在缺糧，又不能速戰速決的情況下，就會心浮氣躁，這時再運用戰術誘敵，就可以收到很好的成效。如果要出城迎戰，就必須找到有依靠的地形，設下障礙伏兵，沒有特殊地形作為隱蔽，就要利用天氣的陰晦，才能創造出其不意的效果。」

## 田單的不可能任務

西元前二八四年，燕昭王派樂毅伐齊，橫掃齊國七十幾座城池，最後只剩莒和即墨兩座小城，齊王用田單為將，展開復國計畫。此時齊國處在「散地」，我們看田單如何因應？

首先是對內，為了避免將士身處散地沒有鬥志，田單以穩定軍心為第一要務，他整編軍隊，修築城牆，加強防務，強化戰鬥力，和士兵同甘共苦，不分親疏，包括他的家人，一起投入，建立彼此的信任感。其次，他假借外力協助，用天神的力量來強化軍民的信心，他叫一個士兵假扮天神降臨，每次有行動，就會先問神師的指示。又故意放消息給燕軍，說齊國人最怕俘虜被割鼻子和城外祖墳被挖，他要讓燕軍的惡行激發即墨百姓同仇敵愾的心理。

守城最怕糧食無以為繼，所以田單故意叫人民吃飯前灑米餵鳥，製造城中糧食充足的假象，讓燕國軍隊失去耐性，並收集城中金銀財寶賄賂燕國將帥，製造齊國求和的心理，以鬆懈敵人鬥志。再用反間計挑撥燕惠王和樂毅之間的關係，讓燕惠王換掉樂毅，偷樑換柱，瓦解敵人領導中心，最後再施以奇計，佈火牛陣，趁月黑風高的時候，以迅雷不及掩耳的速度，衝破敵營，大敗燕軍。

面對「散地」，田單有為有守，克服「散地」的不利因素，主動出擊，完成不可能的任務，「散地」變成「硬地」，扭轉戰局，打了一場漂亮的勝仗。

田單臨危受命，發揮長才，化不可能為可能，但這是亡羊補牢，不是究竟之道，如果沒有田單，或許齊國早就不存在了，就是有田單，很多的做法也是不得已，尤其他借神力欺騙百姓，他讓燕軍割俘虜的鼻子，挖齊國人的祖墳，這些都是非常凶險的做法，誰敢保證再來一次，齊國還能不能這麼幸運？

「散地」既然有這種缺失，那改善的方法是什麼？總不能讓它成為每次戰爭的罩門，而束手無策。所以面對散地，在平時就要徹底地消除士兵的散地心理，才是治本的方法，才能保證敵人侵門踏戶時，我可以給予重重一擊。唐代賈林說得好：「若號令嚴明，士卒愛服，死且不顧，何散之有？」士兵經過嚴格的訓練，能夠聽從號令，相信領導者，願意為國家出生入死，散地自然不是問題。所以齊國如果能勵精圖治，提早訓練士兵，消除散地心理，或許就不會被逼到牆角，不會贏得如此驚險。

## 最好的呵護是讓他學會獨立

人生也是如此，成長階段在父母的呵護之下，也必須培養獨立自主的能力，才能面對各種突如其來的挑戰，法國哲學家盧梭（Jean-Jacques Rousseau）說：「人們只想到怎樣保護他們的孩子，這是不夠的，應該教他成人後怎樣保護他自己。」（《愛彌兒．第一卷》）

《戰國策》記載了一篇「觸讋說趙太后」的故事：

趙太后剛執政，秦國看有機可乘，派兵進攻趙國。趙太后向齊國求救，齊國說一定要以趙太后的愛子長安君做人質，才願意出兵相救。太后捨不得愛子離開自己身邊，所以不答應，大臣們極力勸諫都沒有用，太后還警告身邊的人，有敢再勸諫的，就會朝他的臉上吐口水。左師觸讋毫不畏懼，很有技巧地提出他的見解，終於打開了太后的心防，化解了一場災難，也幫我們上了一堂教育子女的課。

觸讋問趙太后說：「三代以前，趙國封侯的子孫，有還在的嗎？」太后說：「沒有。」觸讋說：「其他的諸侯國有嗎？」太后說：「我沒聽說過。」觸讋說：「為什麼沒有呢？因為快一點的是自己就遭受禍害，慢一點的就禍及子孫，所以都不在了，難道這些諸侯國的子孫都不好嗎？不是的，是因為他們的爵位太高，俸祿太厚，卻對國家沒有功勞，又掌握這麼多的寶器，才遭橫禍的啊！現在您給愛子長安君這麼高的爵位，這麼肥沃的土地，這麼多的寶器，卻不讓他趁現在為國家立一點功勞，一旦您去世之後，長安君靠什麼在趙國立足呢？」太后聽完，猛然醒悟，就決定讓長安君去齊國當人質，齊國也派兵解了趙國之危。

觸讋看到獨立自主的實力是每個人生存的法則，沒有獨立自主的實力而得到的聲名財物不但保不住，還會成為禍害，這是每個父母在教育下一代時必須學會的功課。

## ❖輕地：新手上路

孫子說：「入人之地而不深者，為輕地。」「輕地則無止。」才剛剛進入敵人的邊境，也就是才剛剛進入危險地區，士兵因不熟悉而恐懼，而且無險可依，敵人可能等著要伏擊你，所以心存猶豫，這時候為了斬斷後退的路，將軍要當機立斷，加速前進，不可遲疑停留。

燒開一壺水，開始一定要大火，等到燒開了，小火就可以保持溫度，我們做任何事情，開始能一砲打響，市場打開了，往後就好辦了。人生的初航，難免心情忐忑，海上的波浪不會因為你的初航而比較平靜，是船隻就要遠航，大風浪考驗著一個新手的決心。

《周易》的第三卦叫〈屯卦〉，是繼乾、坤兩卦之後的第一卦，代表天地開闢之後萬物生長的艱難，由震、坎兩卦組成，震是發動，比喻萬物開始生長，坎代表危險困難，比喻萬物一開始生長就會面臨困難，但屯卦提醒我們，這都是必經的過程，只要能堅定信念，順應時勢，就能突破艱難。

秦朝末年，秦國大將章邯攻打趙國，趙王逃到鉅鹿。章邯命令王離、涉閒等人包圍鉅鹿，楚國和諸侯國都出兵相救，項羽自己領兵渡河，出發前，命令士兵把船隻通通擊沉，把鍋碗瓢盆通通砸爛，把河岸邊的房子通通燒掉，每個人只帶三天的糧食，表示必勝的決心。這個舉動激發了士兵的鬥志，果然士兵們以一當十，以十當百，殺了王離，涉閒自殺，很快地拿下鉅鹿。但同一時間，其他參與救趙的諸侯卻不敢前進救援，只作壁上觀，等到項羽破了秦軍，召見諸侯時，諸侯震懾於項羽的威嚴，「無不膝行而前，莫敢仰視」，兩相對照，項羽有決心，所以號令天下，諸侯沒有決心，只能跪地求饒，人生你選擇哪一種？

決心是面對「輕地」的最好藥方，但如何增強決心？

每一個有決心的人，背後都有強大的理念做為支撐。發明家愛迪生（Thomas Edison）能不斷地嘗試，不怕失敗，是因為他相信每一次失敗都讓他離成功更接近一步；國父孫中山先生十次革命，沒有在失敗時就打退堂鼓，是因為他知道「吾心信其可行，雖移山填海之難，終有成功之日」。

決心要起而行，像蜀國的富和尚，就是不敢踏出自己的步伐，所以永遠只停留在想的階段，而不會成功。冉求曾對老師孔子說：「我不是不喜歡老師的學問，但是能力真的不足啊！」孔子回答他：「能力不足的人會跨出第一步，直到走不下去才停止，但是你卻畫地自限，不給自己一個機會。」

德國哲學家叔本華（Arthur Schopenhauer）說：「只有知道書的結尾，才會明白書的開頭。」但是人不會因為我不知道書的結尾而不打開人生這本書，也不會因為不能預知未來而停下腳步，「輕地」是事業開端，萬般起頭難，但只要準備妥當，有實力，有理想，有目標，有決心，相信只要跨出去就有機會，輕地不但不會讓你信心動搖，相反地，輕地就像李白的輕舟，讓你輕易地度過萬重山。

## ❖重地：世界舞台

孫子說：「入人之地深，背城邑多者，為重地。」「重地則掠。」深入敵境，走過敵國很多城市，很難再回頭，就是「重地」。深入敵境，如果糧食都要從後方補給，不但人力負擔沉重，而且也會造成國家經濟的沉重壓力，所以要想辦法自給自足。

「重地」對一個志在四方的人來說，是一個陌生的國度，是一個更辛苦的環境，但是「海闊憑魚躍，天空任鳥飛」，對一個才華洋溢的人來說，世界的舞臺才是其伸展手腳的地方。進入重地，考驗著身體、心理的適應，還要他鄉當故鄉，入境隨俗，適應跨國文化、價值觀與遊戲規則，尤其對特殊的禁忌與不同的民風，都必須給予尊重，如何保有自己的價值觀，還能融入當地的環境，在在考驗著想要開疆拓土，放眼世界的人。

「掠」不是搶奪，是運用在地資源，創造機會，到異地發展，不是來分享他們的資源，而是來分享你的想法，來造福當地的人，很多企業能行銷全世界，就是這個理念的實踐。創立星巴克，有咖啡界賈伯斯之稱的霍華．舒茲（Howard Schultz），他把星巴克推行到世界七十幾個國家，除了入鄉隨俗的一些調整之外，最重要的是他的經營理念獲得不同國家文化的人所認同。

霍華．舒茲說：「每個人都應該忠於自己的價值觀，忠於自己存在的理由，多付出，少索取，你會獲得更多，共享成功是人生最美妙的一件事。」他舉星巴克到南非開第一家店時的經驗，在和員工面談的過程中，這些人不時說出「烏班圖」這個字眼，這個詞的意思就是「群在故我在」，霍華．舒茲說這跟他經營星巴克的理念完全一致。

小時候的窮苦，讓他知道生活不容易，所以星巴克照顧每一個員工，不把他們當員工，而是一起奮鬥的夥伴，他深知人們渴望一個更好的機會，一個美好的願景，所以他把股票分給員工，共享成就，連兼職的員工都能分到星巴克的股票，就是希望大家都能有一個美好的未來。

霍華．舒茲回憶讓他興起創立星巴克念頭，是有一次在義大利米蘭喝到咖啡師傅幫他煮的一杯Espresso，讓他感動莫名，他相信感動他的東西也一定會感動每一個人，所以他決定把更多人引進咖啡的世界，共享這份感動。他要煮一杯好咖啡，用熱情來招待每一個人，佈置一個舒適、感性、溫馨的空間，迎接每一天在工作上打拚的人，可以來這裡休息、沉澱、思考，再出發。

星巴克創造一個「群在故我在」的理念價值，這是普世的價值，用這樣的理念進入異鄉「重地」，開疆拓土，相信在世界的每個角落，只要有人的地方，都會展開雙臂歡迎你的到來。

## 二 人生的戲碼，永遠離不開競爭與合作兩個主題

藺相如完璧歸趙，立下大功，馬上升官。靠兩張嘴皮子就可以位階比我高，廉頗很不服氣，於是放出風聲：下次讓我碰到，一定要當場給他難看！從那一天起，藺相如開始躲著廉頗，門客覺得他這樣做有失尊嚴，藺相如說：「我都敢當庭叱責秦王了，你們覺得我會怕廉頗嗎？我這樣做，是因為有我和廉頗在，秦國才不敢攻趙，如果我們不和，那趙國怎麼辦？」廉頗聽到這些話，慚愧到無地自容，自認為胸襟氣度不如藺相如，馬上負荊登門請罪，從此兩人成為最要好的朋友，齊心協力保衛趙國。

孫子九地之中的爭地、交地、衢地是戰場上競爭最激烈的三種地形，不論是爭地的爭奪，交地的連接，衢地的合作，都是高手過招，胸襟氣度往往是決勝關鍵。

「爭地」是可以安身立命的立足點，可以制敵人咽喉的要穴點，是兵家必爭之地。「交地」是大家都可以往來的地方，是最後的決戰點。「衢地」是縱橫捭闔的地方，是競爭與合作的表演舞臺。

這三種地形對戰爭勝負舉足輕重，如何先馳得點，或後發先至，還是相互競合，都在展現一個人的智慧，人生舞台的競逐，少了這種能力，就準備豎白旗。

## ❖ 爭地：搶先插旗

孫子說：「我得則利，彼得亦利者，為爭地。」「爭地則無攻。」對敵我都有利的地形叫「爭地」。碰到爭地一定是先居者有利，但是如果敵人先我一步，那就不可以強攻。什麼樣的地形是敵我都有利的爭地？曹操說：「可以少勝眾，弱擊強。」基本上是指扼咽喉的險要之地。

### 第一、立足點

就像圍棋「角落」的概念，圍棋是爭奪地盤的遊戲，在一人一手的公平競爭之下，就看誰的棋子使用得最有效率，誰的勝率就高，而最有效率的點就在四個角落，原因是角落有現成的兩個邊可做依靠，所以下在角落的棋子，只需要下兩個邊就能圍到地，這是事半功倍的地形，大家都想要得到，所以給它一個響亮的稱呼叫「金角」。

7—Eleven 喜歡找三角窗的地點開店，就是角落的概念，因為做生意要的是人潮，三角窗的地點，至少有兩面是人潮看得到的地方，比一般的店面只有一面，多了一倍的機會，未戰先勝。

國君喜歡找有依靠的地點設置都城，基本上也是角落的概念，這就是為什麼以前有「得關中者，得天下」的說法，因為關中就是被四面的關卡所圍繞，東有函谷關，西有大散關，南有武關，北有蕭關，四面都有保護，得天獨厚。楚漢相爭，項羽捨關中，就彭城，就沒有考慮到這一點。然而他將劉邦分封到漢中，讓他龍困淺灘，英雄無用武之地，這招卻是高明。但是，當劉邦登壇拜將，封韓信為大將軍時，韓信馬上給他一個建議，想要爭天下，一定要「出漢中，佔關中」，於是韓信以「明修棧道，暗渡陳倉」的障眼法，助劉邦順利脫困，並拿下關中，展開楚漢相爭後半段的精彩篇章。

英國四面環海，也是四面有靠的地形，所以能夠躲過兩次世界大戰，免於被佔領的命運。

## 第二、要穴點

一個重要的要穴點會牽動全局，影響勝負。就像人體的穴道，透過針灸，可以打通血路，救人活命，堵住了，血路不通，也會要人命。像交通要道的瓶頸口，橋梁或狹小地段，扼住這些地方，都會讓交通癱瘓，運輸中斷。

**企業經營的要穴點**

企業經營成敗關鍵也在要穴點，什麼是企業發展的要穴點？亞馬遜創始人貝佐斯（Jeff Bezos）認為是「顧客至上」，貝佐斯說：「我不走競爭導向，獲利至上，產品優先，或是技術優先這些經營理論，而是『顧客至上』。因為顧客永遠不滿足，永遠期望更好，卻不知道更好是什麼，所以我們不只是要傾聽他們要什麼，更要為他們創新。為了保證顧客的滿意度，我們看得很長遠，不只是看到未來三年，更要看到未來五到七年，亞馬遜的品牌就是這些信念的總和，而核心就是『顧客至上』。」所以有人問到未來的亞馬遜有什麼令人擔心的地方？貝佐斯說：「我最擔心的是有一天我們迷失了『顧客至上』的信念，開始迷信近利，變得小心翼翼，擔心失敗，而無法成為創新的先鋒。」

**人生經營的要穴點**

人生何嘗不然？能掌握一個致勝的優點，就可能創造一番大事業，老子說：「我有三寶，持而保之，一曰慈，二曰儉，三曰不敢為天下先。」這三個生命體悟，讓道家的智慧成為中華文化的三大主流之一，經營之神王永慶勤儉持家，讓他創建了石化王國，股神巴菲特（Warren Buffett）堅持不賠錢的投資觀念，讓他成為世界首富。

但是不管你有多優秀，只要有一個致命的缺點，就可能讓你的人生掉入萬劫不復的境地。李斯是秦朝宰相，位高權重，看起來是人生勝利組，但最後卻被處以五馬分屍的酷刑，臨終對兒子說出了一段讓人心酸的話，他說：「我想要和你一起牽著我們家的那條黃狗，到上蔡東門去追逐兔子，這樣簡單的期望都已經是不可再得了。」說完父子相擁而泣。李斯走到人生這一步，或許有很多的客觀因素，但是司馬遷開頭說了一段故事，已經預告了他悲慘人生的真正關鍵：李斯小時候看到廁所的老鼠沒有東西吃，看到人又驚惶失措，反觀在倉庫的老鼠，吃得肥滋滋的，看到人也不怕，於是李斯感嘆地說：「人之賢不肖譬如鼠矣，在所自處耳！」這句話說明李斯看到的人生關鍵字是「權位」，所以他往後的人生就再也不做他想，直奔宦途，終於位極人臣。但就如司馬遷對他的評價：「李斯學六藝，沒有用來補足國君的缺失，卻是阿諛奉承，苟且偷生，實施酷刑，有人說李斯很忠心，卻被處以極刑，很不公平，但是我認為從根本的地方看，他的做法本就不符合社會價值，否則以他的功勞應該可以和周公、召公比肩了。」司馬遷的評論重點在李斯只看到「權位」，忽略其他人生價值，最後會有這樣的下場，也就不出人意料了。

## 競爭場上的要穴點

在競爭的戰場上，「敵方的要點，就是我方的要點」，這種爭地，必須搶先插旗。孫子說爭地是先占者有利，若敵人先得其地，則不可強攻，但有一個方法可以改變現狀，就是調虎離山，引誘敵人離開所占據的地方，只要他一出來，我就可以進去。以三國關羽大意失荊州為例：

諸葛亮〈隆中對〉中提到荊州地形的優勢，是「用武之國」，又碰上占據荊州的主人不得民心，是老天給劉備的機會，應該好好把握。但直到赤壁之戰前夕，因為孫、劉結盟，孫權才借荊州給劉備，可說得來不易。所以赤壁之戰結束，劉備不想歸還，還派大將關羽守荊州，這讓孫權很不開心，處心積慮想要拿回荊州，但是關羽「過五關，斬六將」、「溫酒斬華雄」，是一代名將，豈是那麼容易可以討回。因關羽自視甚高，過於自負，才給了東吳一個好的機會。原來鎮守陸口的東吳守將呂蒙，關羽對他還有一點顧忌，所以呂蒙就稱病歸朝，向孫權推薦名不見經傳的陸遜替代，因為他發現陸遜有膽識，可以擔任此要職，雖然還沒成名，但剛好是個優點，因為能降低關羽的戒心。陸遜上任後，真的運用這個特點，大拍關羽馬屁，除了大力稱讚關羽的勇猛之外，還自謙只是後生小輩，仰望大將軍提拔，希望能向關羽多多學習，也直誇關羽北伐樊城是一偉大的行動，可以為兩國帶來更穩固的基礎，關羽心花怒放，真的放心地北伐去了。陸遜一紙褒揚狀，硬生生把關羽從荊州給調出去，讓東吳輕輕鬆鬆地把荊州給要了回來。

## 心靈的「爭地」不用爭

網路時代來臨，爭地已從有形的土地進入虛擬的世界，當今科技巨擘所打造的虛擬世界王國，早已超越有形的世界，網路世界的爭地也從地形的特殊性進入觀念的領先性，和人性價值的探索，賈伯斯說：「活著就是為了改變世界，難道還有其他原因嗎？」他認為蘋果的價值就是讓世界更美好，這是價值的爭地。

自古以來，那些劃時代的人物，早就為我們開發了無數的心靈爭地，思想家發現生命的源頭，藝術家創造美的作品，政治人物建立生活制度，科學家探索宇宙起源，這些心靈的爭地，沒有爭奪的問題，可以「取之無禁，用之不竭」，比現實的爭地更精彩，一首「床前明月光，疑是地上霜，舉頭望明月，低頭思故鄉」，至今仍撫慰著遊子的心靈，「人生自古誰無死，留取丹心照汗青」，至今讀來仍舊讓人熱血沸騰。爭取有形的爭地，可以展現才智的精彩，但不能兩全，難免有一山不容二虎的遺憾；開發心靈的爭地，卻可以利己利人，為自己，也為人類留下可以駐足、安身立命的人生風景。

## ❖交地：若即若離

孫子說：「我可以往，彼可以來者為交地。」「交地則無絕。」四通八達之地，大家都可以往來，這是一個開闊的天地，想要占有這種地方，就是要緊密相連，否則很容易被敵人切斷，而成孤軍。

這種地形就是中原腹地，也就是圍棋說的「草肚皮」，剛開始佈局階段，因為這種地形需要耗費更多的兵力，才能站穩腳跟，所以很少人會先下這種地方，一定先下爭地的「金角」，但是，當各自占有自己的根據地之後，最後就是要逐鹿中原了，除非你不想要稱霸天下，否則中原的爭奪就是必然的，這時候草肚皮就變成了鑽石舞臺，不可同日而語了。

### 有形距離的連接

孫子說要占據這種地方，要注意連接，那要怎麼連接呢？

連接的基本觀念是相互支援，相互呼應，所以不能距離太遠，但也不能距離太近，太遠則鞭長莫及，照顧不到，太近則步伐太慢，浪費兵力。圍棋術語說：「一子拆二，立二拆三」，拆就是距離，有一顆子，再下一顆時，距離可以隔兩路，有兩顆，就可以隔三路，依此類推，就是要找到一個恰當的距離。

生意人事業有基礎之後，會想要擴充版圖，但跨足太多領域，卻常忽略是否照顧得到，尤其跨國投資，常常鞭長莫及，最後失敗收場。天上星星數不盡，個個都是我的夢，有夢最美，卻沒有辦法希望相隨。

人生的佈局，也常常會貪多務得，以至於分身乏術，無法兼顧。但人也不能不擴張自己的人生版圖，為了避免聯繫的問題，最好的方法就是從自己的專業領域擴散出去，就像一棵樹，開枝散葉，有了堅實的枝幹，再大的枝葉都能枝繁葉茂。現在流行斜槓人生，也必須用這種方式來斜槓，而不是跨足不同領域，在時間分割之下，不能深入，落得淺碟人生，後悔不及。

## 無形力量的連接

除了有形的距離連接外，更重要的是無形力量的連接，也就是精神力量的連接，一個團體，每個部門雖然各司其職，但是會統一在組織的核心理念之下，會朝一個共同的目標前進，這樣的組織就有了生命力，有了一體感，不是各自為陣的散兵游勇。

楚漢相爭，劉邦集團內部的連接力很強，張良負責運籌帷幄，是整個戰爭發展的判斷與指導；蕭何主持內政，負責後勤糧草的儲備與運送；韓信負責攻城掠地，擴大戰爭成果。戰線由內而外，由後方到前方，連成一氣，加上領導人劉邦豁然大度，親民愛民，能廣納人才，於是形成一個全民一條心，堅固的戰鬥團隊，反觀項羽的參謀人才范增、鍾離昧被劉邦離間而分崩離析，主將龍且糊里糊塗，只顧自己的前途，就只剩項羽一個人左支右絀，連不成線，當然就無法成一個戰鬥的面，發揮不了整體的力量，失敗也就可以預期了。

## 切斷對手的連接

相同地，當敵人連接時，要想辦法切斷。但切斷是有條件的，圍棋術語：「兩處有情方可斷。」對手兩隊人馬相互支援，這時候切斷其連接，就很有價值，反之，兩隊人馬根本不會有相互支援的效果，你花兵力去切斷他們就沒有意義了。

左傳僖公三十年，因為鄭國國君曾經在晉文公流亡期間對他無禮，且靠向楚國，晉文公於是聯合秦穆公攻打鄭國，鄭國危在旦夕，於是派出燭之武當說客，希望能離間兩國關係，瓦解聯盟，解救鄭國。燭之武見了秦穆公說：「秦晉兩大國圍攻鄭國，鄭國知道自己撐不住了，但我納悶的是把鄭國滅了，對秦國到底有什麼好處？擁有一個需要跨過晉國才能到達的國家，只不過是幫忙晉國增加土地而已，晉國增強了，不就代表秦國變弱了嗎？這一點難道您不了解？如果您能放棄攻打鄭國，以後秦國的使節經過，我們還可以盡地主之誼，提供一些補給品，對秦國不是很好嗎？而且您曾幫忙晉惠公回去復位，有恩於他，他也答應要把焦和瑕兩塊地送給您，誰知道一回國，馬上修築城牆來抵抗秦國了，這樣的鄰國您放心嗎？而且晉文公是不會滿足於只拿下鄭國的，拿了鄭國後，接下來就會擴展西邊的領土，到時候秦國就有苦頭吃了，希望您能好好考慮考慮。」

燭之武從秦國的角度來幫忙設想，除了說出眼前的利害之外，還預測未來的可能發展，句句擊中要害，秦王深覺有理，直接答應退兵，解了鄭國之危，燭之武可說是善於切斷敵人聯繫的高手。

## ❖衢地：外交合作

孫子說：「先至而得天下之眾者，為衢地。」「衢地則合交。」兩軍交戰的戰場上有其他國家相鄰，如果能爭取到其協助，實力就會更強。所以遇到這種狀況，一定要想辦法結交鄰國。萬一大軍行軍速度太慢，不能搶先，沒關係，外交人員可以先到，進行外交活動，如果獲得鄰國首肯，敵人雖先至，也無濟於事，我雖後到，但可與鄰國成犄角之勢，前後夾擊，敵人就會陷入孤立無援之境。

春秋時期，晉獻公想要攻打虢國，可是攻打虢國要經過虞國，於是大夫荀息建議把晉國的美玉和寶馬送給虞國國君，請求借道，果然這招奏效，虞君看到兩件寶物，愛不釋手，馬上要答應借道，大夫宮之奇阻止說：「虞國和虢國就像牙齒和嘴唇的關係，失去了嘴唇，牙齒就會寒冷，萬一虢國真的被消滅了，我們虞國也難保了。」虞君被寶物沖昏了頭，聽不進去，借了道。果然不出宮之奇所料，晉國軍隊借道虞國出兵，很快地消滅了虢國，但回程時就順便把虞國也滅了。

晉獻公用的就是「衢地則合交」的策略，但他回頭就把盟國滅掉，翻臉如翻書，有失合作的誠信，晉獻公的行為也提醒我們在現實的國際關係中，沒有什麼不可能，因為兩個不同的合作對象利益不同，合作的基礎本來就不穩固，於是在各懷鬼胎的情況下，常常讓合作的美意變調，甚至造成傷害，尤其人類的非理性，也常常讓信誓旦旦的合作宣言，變得一文不值。

蠍子要渡河，請求青蛙幫他，青蛙拒絕，因為蠍子素行不良，青蛙怕渡河中途會遭蠍子毒手，蠍子說：「如果中途螫你，我自己不是也會掉到河裡嗎？我怎麼可能做出害人害己的事呢？」青蛙覺得有理，就答應了，沒想到，河才渡一半，蠍子就螫了青蛙，青蛙痛苦地說：「你為什麼要這樣做？」蠍子說：「對不起，我真的忍不住了。」

合作往往是一時之所需，等到事情結束時，常常就是分手的時候，甚至會在主要敵人去除之後，次要敵人又變成主要敵人，朋友一下子變敵人，之前的合作關係反而成為負擔，這都是常見的現象。「遠交近攻」是秦國蠶食鯨吞的方法，先聯合遠方的齊、楚，攻擊旁邊的韓、魏，再收拾趙、燕，最後再把合作的對象齊、楚也一併消滅。「聯吳抗曹」是孔明的如意算盤，最後也在荊州爭奪戰之後，反目成仇。

儘管合作不容易，但是，人生道路上，多一個朋友，就少一個敵人，誰說合作一定要建立在相互利用的基礎上，多為對方想一點，那麼兩個圓就會有交集，再多想一點，交集就越多，到「將你心換我心」的換帖兄弟情誼，兩個圓就變成同心圓，「二人同心，其利斷金」，合作的情誼就堅固了，經得起大風大浪，經得起物換星移，就可能成為長期的事業夥伴，甚至是一生相互扶持的朋友了，老子說：「既以為人己愈有，既以與人己愈多。」這正是合作的最佳箴言。

# 三 困境是雷霆，轟醒我們昏睡的神經

有一名武士，他以穿著國王賜予的盔甲為榮，捨不得拿下，久而久之，他的妻兒再也看不到他的真面目，連武士也忘了自己的長相，他痛苦不堪，想把最引以為傲的盔甲拿下，但是卻拿不下來！他去請教法師梅林，梅林法師指示他一條真理之道，他按照指示，開始前進，他從認識自己、愛自己開始，然後進入「沉默之堡」，學會靜思與聆聽；前往「知識之堡」，藉知識去除偏見；到「志勇之堡」，去除自我設限的恐懼。慢慢地生命產生了改變，他終於看到了自己，他激動地掉下了淚來，而這一滴淚也把困住他的盔甲融化了，他終於獲得了重生。——羅伯．費雪（Robert Fisher）《為自己出征》（*The Knight in Rusty Armor*）

人生旅程難免陷入困境，但只要你願意面對，都有機會突圍。孫子把「圮地」、「圍地」和「死地」列為戰場三種困難的地形，除了提醒我們必須謹慎面對外，也相信事在人為，沒有衝不過的關，跨不過的坎。

這三種地形，一個比一個凶險，「圮地」要避免進入，不小心進入要快速通過；「圍地」要快速突圍，突圍不成，須就地做活；「死地」難度最高，只能激發潛能，超常演出，力戰求生了。

人生不如意十之八九，每個人都要有面對困境的準備，《詩》云：「戰戰兢兢，如臨深淵，如履薄冰。」未雨綢繆，就能降低傷害，如不當一回事，後果苦澀，會讓你難以下嚥。

## ❖ 圮地：危險勿入

孫子說：「行山林、險阻、沮澤，凡難行之道者，為圮地。」「圮地則行。」「圮地」是地形險惡之地，山林險阻，沼澤、湖泊都是難以通行之地，而且沒有任何依傍，碰到這種地方，萬一再遭到敵人伏擊，那就是雪上加霜了，所以要趕快離開，不可逗留。

不適合自己的舞臺，就要當機立斷，即刻脫身，陶淵明說：「誤入塵網裡，一去三十年。」所以選擇離開官場，回歸生命的田園，找到自己安身立命的舞臺。蘇東坡也是在一個醉酒的夜晚，聽江水流聲體會到：「長恨此身非我有，何時忘卻營營？」而下定決心要「小舟從此逝，江海寄餘生」。賈伯斯拿了媽媽辛苦賺的錢上大學，不到兩個月就發現他來錯了地方，馬上辦理休學，去開發他的電腦大夢去了，比起陶淵明要花三十年，其當機立斷的功力更強了。

為了避免掉入「圮地」的困境，平時就要練習忠於自己的感覺，養成對環境的敏感度，和即知即行的習慣。忠於自己的感覺，感覺就會引領你找到適合你的方向；有環境的敏感度就會謹慎以對，不會輕易掉入不適合自己的場域，孔子說：「危邦不入，亂邦不居。」就是這種對環境長期觀察得出的智慧。而即知即行就是保證你不會陷於這種困境而不能自拔的最後一道保險，「知而不能行，謂之不知」，太多人想歸想，碰到危機來臨卻不行動，以致常常悔不當初。

趕快跑，不要靠近，這是先知的警告，是經驗的提醒。當烏鴉的人，總是惹人不高興，譬如股市正在上漲，你卻潑冷水，叫大家要小心，那叫掃興。事非經過不知難，不見黃河心不死，這是人性。但悟道有兩種，一是能吸取別人的經驗，站在巨人的肩膀上，少走很多冤枉路，少受很多折磨，一種是事必躬親，凡事都要親自走一趟，自己感受其滋味，也不是不可以，但就怕出師未捷身先死，死在不必要的地方，豈不是太可惜了。

## ❖圍地：衝出封鎖線

孫子說：「所由入者隘，所從歸者迂，彼寡可以擊吾之眾者，為圍地。」「圍地則謀。」「圍地」是一個進去容易出來難的地形，敵人只要用很少的兵力就可以擊敗我們，碰到這種地形，將軍只有出奇謀了。首先要守住隘口，不讓敵人進來，然後向敵人展示堅守營地的決心，不會出去，讓敵人鬆懈，然後激勵士氣，製造同仇敵愾的鬥志，找個空檔，精銳盡出，一鼓作氣，衝出封鎖線。

### 先求出路

人間事常是身不由己，如果已掉入圍地困境，就要想辦法突圍。萬一突圍不成，要想辦法就地做活。圍棋術語：「先求出路，再求活路」，就是這個意思。

東漢黃巾起義，孔融參與了討伐的戰爭，結果被包圍，困在都昌。太史慈建議突圍找救兵，孔融想到可以找劉備幫忙，太史慈自告奮勇，願意擔此重任，但是怎麼突圍呢？他想出了一個辦法，他帶了兩個隨從，拿著箭袋和箭靶，打開城門，黃巾兵看到，以為他要突圍，個個精神緊繃，加強戒備，但是太史慈並沒有要突圍，而是把箭靶放著，開始練習射箭，箭射完，就回城裡了。第二天，太史慈又開城門出來了，黃巾兵又嚇一跳，但是馬上就知道他是出來練習射箭，不再那麼緊張了，太史慈真的也沒有要突圍，練完箭，又回城了。第三天，城門又開了，黃巾兵想說他又來練習射箭了，大家都沒有戒備，還準備看好戲，沒想到，這次不一樣了，太史慈快馬加鞭，衝出重圍，揚長而去，留下一堆錯愕的黃巾兵，不知如何是好。太史慈從人性思考，找出「習見不疑」的慣性，終於找到破口，突圍成功。

其次，想辦法製造另一個外勢，造成反包圍，逼迫敵人自動解圍，也是一種突圍的方式，「圍魏救趙」就是一個例子。

故事發生在戰國時期，西元前三五四年，齊國與魏國的桂陵之戰。魏惠王派大將軍龐涓攻打趙國都城邯鄲，趙王求救於齊，齊威王令田忌為將，孫臏為軍師領兵救趙。對於救趙的策略，田忌與孫臏有不同的看法。田忌想直接把軍隊拉到趙國，與趙國合力對付魏國，孫臏不以為然，他說：「解開雜亂的絲線，不可以握拳硬打；排解爭鬥，不能自己也參與進去，只要抓住敵人要害，逼迫敵人知難而退，爭端自然就解決了，現在魏國精兵傾巢而出，只剩老弱殘兵留在城內，如果我們直接攻打魏國，龐涓一定要班師回國解危，如此一來，趙國邯鄲之圍就解除了，我們再攔截龐涓於途中，必能獲得勝利。」田忌依計而行，果然，魏軍不得不離開邯鄲，歸途中與齊軍大戰於桂陵，魏軍因長途跋涉，疲憊不堪，終於潰不成軍，齊國獲得大勝。

## 再求活路

當盡一切力量都無法擺脫「圍地」時，就要「就地做活」，人如何熬過生命的寒冬，迎接春天的來臨，關鍵就在人生的態度。了解活著的價值，與自我的責任，就能承擔眼前的苦難，雖在圍地，但圍地再也不能帶給你任何的傷害。

蘇東坡被貶官到海南島，看到汪洋大海，心裡不禁感傷了起來，料此生可能再也出不了這個大海，回不到中原了，但心念一轉，就是回到中原，不也是被大海包圍嗎？那又何必感傷現在的處境呢？

二戰期間，奧地利心理學家法蘭克（Viktor Frankl）被關進納粹集中營，在集中營的日子，生死操之於人，沒有任何自主意識與尊嚴的生活讓他生不如死。但有一天，一個同伴不經意地說出想念妻子對他的愛，讓法蘭克體悟到在外在環境完全無能為力的時候，我們的心卻是自由的，而且愛讓我們又可以燃起生命的希望，這個發現讓他度過了集中營的日子，出來後，還創立了意義治療學派，成為繼佛洛伊德（Sigmund Freud）、阿德勒

（Alfred Adler）之後第三大維也納精神治療學派，幫助很多人度過難關。

就像尼采說的：「參透為何，才能迎接任何。」懂得為何而活的人，才可以忍受任何生活上的挑戰。曾受宮刑屈辱的司馬遷在〈報任安書〉中提到：「周文王遭拘禁才寫出《周易》；孔子一生奔波受苦才寫出《春秋》；屈原被放逐，才有《離騷》；左丘明因為失明而寫《國語》；孫臏被抽腳筋，而寫出《兵法》；呂不韋被貶到蜀，才有《呂覽》；韓非子被秦王囚禁，才有〈說難〉、〈孤憤〉這些篇章，《詩》三百篇也大部分是聖賢發憤的作品。」這些歷史上的傑出人士都是在艱困的環境下完成偉人的著作，這鼓勵了司馬遷勇於面對人生的困境，而寫出影響深遠的《史記》。

## 想通了，就突圍了

王陽明是明朝大學者，校注過《武經七書》，能文能武，他出生在一個官宦家庭，二十幾歲中進士，本該是人生勝利組，過著快樂的生活，但因為他從小立志當聖賢，卻一直不得其門而入，讓他苦不堪言。他先學朱熹的格物學，朱熹說：「今日格一物，明日格一物，豁然貫通，盡知天理。」「格物」就是了解事物的道理，王陽明如法炮製，結果他跑去格竹子卻格出一場大病，發現此路不通後，又聽說杭州寺廟來了一位高僧，又趕去學習，結果還是沒有悟道。這件事情一直困擾著他，直到因為得罪當朝權貴，被貶到貴州龍場驛，在生死交關的地方，有一天半夜突然頓悟，大喊「理在我心中，心就是理啊！」原來一切的道理都在我心中，沒有心外之理。王陽明花了十九年，受盡千辛萬苦，但皇天不負苦心人，終於突圍而出，創立了影響深遠的「心學」。

宋朝慧開禪師〈無門關〉：「春有百花秋有月，夏有涼風冬有雪；若無閒事掛心頭，便是人間好時節。」人生最大的圍地，不是在外面，而是在裡面，想通了，也就突圍了。

## ❖死地：逼出潛能

孫子說：「疾戰則存，不疾戰則亡者，為死地。」「死地則戰。」「死地」的特性就是只有一戰，別無他法，而且要快速地應戰，沒有拖延的時間，圍地還有一絲希望，死地連九死一生的機會可能都沒有，只能力戰突圍，但在這種不得已則鬥的狀況下，有時候反而出現奇蹟，不怕死，反而不會死，這是人間事的弔詭。

西元前二八三年，趙王得到和氏璧，秦昭襄王知道後，也想要和氏璧，願意以十五座城池交換，趙王心知肚明，不給璧，秦必攻趙，給璧，肯定也得不到城池，不知如何是好。藺相如認為秦強趙弱，沒有拒絕的條件，雖然入秦談判是羊入虎口，但非入秦不可，他願意接受這個艱鉅的任務，他答應趙王：「城入趙，而璧留秦；城不入，臣請完璧歸趙。」也就是除非秦王真的用十五座城池來換和氏璧，否則我一定會把和氏璧完整地帶回來。這幾乎是一件不可能的任務，但藺相如明知山有虎，偏向虎山行，他有什麼錦囊妙計？

到了秦國，秦王拿著和氏璧，果然愛不釋手，並傳給大臣及愛妃觀賞，但就是不提交換城池的事，藺相如看到這個情況，知道秦王無意給城池，應該說他來之前就已經料到會有這種情形，於是上前跟秦王說璧有瑕疵，騙得秦王把璧歸還給他，然後退至柱下，跟秦王說：「大王無意以十五座城池交換，我就不會給您和氏璧，大王如要逼我，我將與璧一齊撞柱子。」秦王見狀，趕快找來管疆域的官吏，要劃十五座城池給趙國，但藺相如知道這只是秦王擺擺樣子而已，所以他又說：「趙王為得此璧，齋戒五天，所以想請秦王比照辦理。」秦王無奈，但心想五天後，諒藺相如也不敢不給璧，就答應了藺相如的要求。沒想到藺相如早有預謀，事後馬上請隨從抄小路送璧回趙國。五天過後，秦王興沖沖地想看和氏璧，藺相如說：「歷代秦王都有欺騙的性格，我不信任您，所以我已經把和氏璧送回趙國了，您要怎麼處置我，悉聽尊便，但您也不用擔心，秦強趙弱，雖然璧已歸趙，但是只要大王誠心誠意送趙十五座城池，保證趙國一定會把璧送到大王手上。」秦王氣得牙癢癢的，但也無可奈何，只能讓藺相如回去。一場驚心動魄的「完璧歸趙」大戲終於落幕。藺相如入秦等於進入「死地」，羊入虎口，看似一場不可能的任務，透過其精心設計，用智謀、膽識來面對，「置之死地而後生」，終於順利脫困，完成任務。

反之，碰到敵人被我困在「死地」，也必須小心敵人不怕死的行動，此時可以採取「圍師必闕」的做法，示敵生路，消除其鬥志，再個個擊破，是比較保險的方法。

人生再怎麼小心，都難免會碰上艱困的「死地」，這不是我們可以掌握的，譬如天災、戰爭、投資市場的黑天鵝，甚至是一場瘟疫，這時候一定要心情歸零，告訴自己，只要我還在，一切都可以重新再來。不要一直在意失去的「沉沒成本」，也不要一直埋怨自己的命不好，而是要勇於面對，冷靜地想辦法，化危機為轉機，儘管只有一絲機會也不輕易放過，用最積極的態度，鼓勵自己，我可以的。這種態度，常常能為自己的人生掙得一片意想不到的開闊天地。

**兵法快遞**

人生只能不斷前進，就像高速公路行駛的車子，不允許突然剎車。

# 第五章 將

出謀劃策難，執行更難！兩者兼具，這是將軍的智慧；為天下百姓求生，卻不顧自己生死，這是將軍的慈悲；要戰勝敵人，又希望求全不戰，這是將軍的胸襟。孫子說：「將者，智、信、仁、勇、嚴也。」是這五德陶鑄了將軍如此豪邁的身影。

將軍以「五德」自我修練，而以「四治」帶兵，四治就是治氣、治心、治力、治變。前三項是打造將士強大的身心素質，最後一項則是能順應環境的變化，因敵制勝。這樣的隊伍，讓對手聞風喪膽，戰無不勝，就像一個品牌，在市場上不可被撼動。

## 一 戰場的勝負，由將軍的思維與品格決定

孫悟空大鬧天宮，搞得天宮雞犬不寧，眾神仙束手無策，只得找佛祖來幫忙，孫悟空看到佛祖，表明希望玉皇大帝讓位，換他做，他就不再胡鬧。佛祖說：「這可是幾千萬年的修持，才能坐上的位置，不是隨便每個人都可以擔當的。」孫悟空不同意，他說：「我的本事可大了，七十二變化，長生不老之術，觔斗雲，一縱十萬八千里，怎麼會沒有能力坐這個位置呢？」佛祖說：「既然你的本事這麼大，不用動刀動槍，只要能翻出我的手掌心，我就請玉皇大帝讓位。」孫悟空心想，這簡直是送分題，馬上抖擻精神，縱身一躍，看到五根大柱子，自以為已到天的盡頭，前面已沒路了，沒想到還是逃不出佛祖手掌心，最後被佛祖壓在五行山下，繼續修行。

什麼樣的條件才可以當領導人？這是孫悟空的疑惑，應該也是很多人的疑惑。《孫子兵法》十三篇出現兩次「司命」，一是民之司命；「故知兵之將，生民之司命，國家安危之主也。」一是敵之司命：「神乎神乎！至於無聲，故能為敵之司命。」以此來形容將軍

的本事。將軍主宰戰場，不但能確保自己同胞生命安全，還能握有敵人生命的主導權，孫子把將軍的本事提昇到「神」的等級。

孫子給將軍這麼高的期許，是因為戰爭是「死生之地」，沒有失敗的空間，沒有重來的機會。看看歷史名將，他們都有一種特質，就是指揮若定，勇敢不怕死，不論是叼根煙斗的麥克阿瑟（Douglas MacArthur），怒髮衝冠的岳飛，還是「果斷、果斷、再果斷」的巴頓將軍（George S. Patton），他們臉上都寫著自信，都是「有我在，你們不用怕」的表情。

拿破崙說：「凡將者，必為一天才之偉大人物，乃全軍之主腦，攻守勝敗，生死存亡之所繫。」姜太公輔佐文王，有了周朝的八百年歷史，劉邦沒有韓信，哪來楚漢相爭最後的勝利？沒有李靖，歷史上不見得有大唐盛世，沒有麥帥，你說，第二次世界大戰，將如何收場？

孫子把這種神等級的能力歸納為五德——「智、信、仁、勇、嚴」。

## ❖智：沒有解決不了的問題

《孫子兵法》整部書都是智將的表現，「智」是一個思想體系。

智放在第一位，強調沒有解決不了的問題，孫子說：「故知兵者，動而不迷，舉而不窮。」一個能解決問題的將軍就代表有完整的計畫，能預知每一次的行動所遭遇的問題，能提早準備，能臨場應變，而不會迷惑，而且碰到問題能想出無窮盡的解決方法，不會腸枯思竭，也就是保證問題可以解決。

孫子對將軍的要求提昇到神等級，神的等級不會只有戰略、戰術的思考而已，一定還要有本質的體認，整體的思維與前瞻的眼光。

首先，考量戰爭的本質是人性的脫軌造成的衝突，像飄風驟雨，終究會雨過天晴，所以和平是戰爭的最後目的，孫子「必以全爭於天下，故兵不頓而利可全」的求全不戰思維，就是體認到這一點，沒有這一點認識，戰爭就會成為生命的競技場，甚至成為殺戮戰場，有智慧的將領會穩住戰爭的方向盤，讓人性的光輝再度閃耀，讓和平再度降臨。

其次，戰爭不是單獨的存在，圍繞在戰爭周圍的可能是政治、經濟、外交、地緣關係、國際關係，是一個錯綜複雜的關係網，將軍必須跳脫戰爭的熱點，從影響戰爭的各個層面去探討，找尋戰爭的病灶，才能釜底抽薪，避免「野火燒不盡，春風吹又生」。而且將軍也必須有禍福相倚的體認，習慣從利害相尋的角度看問題，孫子說：「雜於利，而務可信也；雜於害，而患可解也。」利害都能看到，就可得其利而除其害，才能看清楚戰爭的兩面性，而做出最適當的因應。

最後，謀一時也要謀萬世，解決一場戰爭，最好不要留下後遺症，甚至能一舉消除對立，杜絕戰爭再發生。至少，不要讓戰爭衝突擴大，更不要造成國力衰退，引起其他國家趁虛而入的危機。孫子說：「夫鈍兵挫銳，屈力殫貨，則諸侯乘其弊而起，雖有智者，不能善其後矣。」不懂得替戰爭止血，讓戰爭無限期的延長，造成螳螂捕蟬的後果，即使智者都無法收場，所以智者的眼光必須從現在移向未來。

有這三點體認的將軍，就不會只以戰功為榮，而是想辦法在戰爭尚未成形前，就能洞燭機先，不讓問題發生，「故善戰者之勝也，無智名，無勇功。」（〈形篇〉）這種人才是真正的智者，才是一個真正偉大的將軍。

## ❖信：穩住每顆忐忑的心

信是第二個條件，信任是一座山，屹立不搖，信是北極星，引導大家勇敢地邁出步伐。孔子說：「民無信不立。」麥當勞老闆雷．克洛克（Ray Kroc）說：「被信任比被喜愛重要。」企業沒有誠信，連銀行都不敢融資了，你怎麼做生意？消費者都不信任你，你的產品賣給誰？所以說沒有誠信就沒有企業，這句話一點都不為過。士兵上戰場，將軍就是他們的神，將軍的人格被完全地信任，一顆忐忑的心，就會穩定下來，就會有我們一定會贏，我們一定可以凱旋而歸的信心。

王昌齡〈出塞曲〉：「秦時明月漢時關，萬里長征人未還。但使龍城飛將在，不教胡馬度陰山。」王昌齡是唐朝詩人，念念不忘的是漢朝的李廣將軍，他相信只要有像李廣這樣的將軍，敵人就不會來犯，國家就會安定了。是什麼原因讓李廣跨越了幾個朝代，仍為大家心目中將軍的典範？《史記．李將軍列傳》有了清楚的交代，司馬遷說他曾親眼看過李廣，就像一個樸實的鄉下人，不善言詞，但是他死的那一天，全國百姓不論認不認識他，都同感悲痛，就是因為他的誠信讓人信服，有一句諺語最足以形容他：「桃李不言，下自成蹊」，被信任的人不需要多言，司馬遷最後引孔子的一段話來總結李廣的一生，他說：「其身正，不令而行；其身不正，雖令不從。其李將軍之謂也？」以身作則，就是李廣將軍被人尊敬的主要原因。

信心產生力量，能帶我們穿越困境，有勇氣挑戰未知。《孫子兵法》十三篇處處展現的先勝、易勝、必勝、全勝的決心，就是將軍的自信，也是士兵信心的來源。

## ❖仁：不為自己為眾生

仁是生命的一體感，人飢己飢，人溺己溺。將軍的心中沒有自己，不是不愛自己，而是對家國所面臨的苦難感同身受，他不安、不忍，而且他不只是對自己人要愛護，他的胸襟開闊，也考量到敵人的士兵、家園也一樣遭受同樣的處境，所以他希望戰爭最好不要打，希望能求全不戰，在劍拔弩張的緊張時刻，將軍還能理性地思考不戰的可能性，沒有大胸襟，如何辦到？沒有「四海之內皆兄弟」的情懷，如何可能？

孫子說：「進不求名，退不避罪，唯人是保，而利合於主，國之寶也。」接下這個任務，就只有百姓、國家，個人的名位、生死都必須置之度外，這就是仁者的襟懷，這就是承擔。

禪宗有一個公案：

有一座寺廟，老師父帶著幾個和尚一起修行，有一天，師父突然對大家說：「廟裡的寶物鍊子不見了，如果有人喜歡拿走了，沒關係，告訴我，承認錯誤，我願意送給他，我給大家一個星期的時間思考。」這些和尚們都覺得奇怪，因為這個寶物由大家輪流看守，外人不會進來，所以鍊子不見，那就一定是他們自己人拿走的，那這個人是誰呢？一下子，你看我，我看你，大家心中開始猜疑，一個本來相安無事的地方，一下子氣氛變得很不好。

到了第七天，沒有人出來承認自己拿鍊子，師父說：「看來大家都認為自己是清白的，對自己很有自信，表示你們的修行已完成，你們可以離開了。」當大家準備離開時，一個瞎和尚卻不走，依然在菩薩面前唸經，大家都鬆了一口氣，因為終於有人承認拿了鍊子。老師父向和尚們道別後，轉身問瞎和尚：「你為什麼不走？鍊子是你拿的嗎？」瞎和尚回答說：「佛珠掉了，佛心還在，我是為修養佛心而來！」師父說：「既然你沒拿，為何留下來承擔所有的懷疑呢？」瞎和尚回答：「懷疑很傷人心，需要有人承擔才能化解懷疑。」此時，老師父從袈裟中拿出了鍊子，戴在瞎和尚的脖子上：「鍊子還在，只有你學會了承擔！」

瞎和尚的目標是修心成佛，他替人受過，也是修行的一部分，會讓瞎和尚下山的理由，絕對不是要證明自己的清白，而是他已修行完成，這是修行者的承擔。將軍也很清楚，他的目標是保衛國家百姓的安全，他必須承擔一切，會讓他離開戰場的原因，一定就是任務已經完成。

## ❖勇：劃破混沌的前景

勇是穩住動盪時代的磐石，《宋史．岳飛傳》記載：有一次，皇帝問岳飛，天下何時可以太平？岳飛回答說：「文臣不愛錢，武臣不惜死，天下太平矣。」

我喜歡海明威（Ernest Hemingway）《老人與海》（*The Old Man and the Sea*）中的老漁夫，老漁夫年紀大了，不復當年勇，但還是天天出海捕魚，雖然已經八十四天沒有捕到魚了，但到了第八十五天，他還是堅持出海，而且往更深的海划去，他想捕一條大魚，這一次終於如願，他真的碰上了一條比船還大的魚，他用充滿尊敬的眼神看著這條大魚，然後豪邁地對著這條大魚說：「來！我們都沒有幫手，單挑吧！」於是他使出全力，搏鬥了兩天兩夜，最後，老漁夫贏了，但就在他精疲力盡地要把大魚拖回岸邊時，一群鯊魚來了，一口一口撕下這條大魚的肉，老漁夫再度拖著疲憊的身軀和鯊魚搏鬥，但是沒有用，回到岸邊時，已剩下一副大魚的空骨架，岸上的人既驚訝又嘆息，但老漁夫依舊和往常一樣，當深夜來臨，老漁夫在睡夢中，又夢到了非洲草原的獅子。

儘管一無所獲，不影響我夢到獅子的權利，這種全身傲骨，堅毅豁達的生命特質，是老漁夫能躍上世界舞台，博得全世界景仰的原因，我想到麥克阿瑟「老兵不死，只有慢慢凋零」的畫面，想到「馬革裹屍」的東漢名將馬援，想到「待從頭，收拾舊山河」的岳飛，想到負荊請罪的廉頗，想到單騎退敵的郭子儀。這些流傳千古的名將，他們身上刻的就是傲骨。這種精神像一把利刃，劃破混沌的前景，清除看起來不能穿越的困境，他們用這種精神開啟自己的人生，承擔國人的未來。麥克阿瑟離開菲律賓戰場時，講了一句話：「我將會再回來！」這是將軍對百姓的承諾，百姓沒有得到安頓，我不會離開戰場。

勇，是敢於冒險，敢於無路之處找出路，敢於跳脫習慣框架，另闢蹊徑。〈九變篇〉：「塗有所不由，軍有所不擊，城有所不攻，地有所不爭，君命有所不受。」別人走的路，我可以不走，別人認為應該攻擊，我可以不攻擊，不是所有的城都要攻克，不是所有的地盤都要爭取，不是國君講的每一句話我都要聽，我有自己的判斷，我能看到別人看不到的機會，我願意去冒險嘗試。

一九五〇年韓戰爆發後，北韓軍隊長驅直入，直逼漢城，麥克阿瑟將軍提出了一個大膽的方案：從仁川登陸，切斷北韓的供給線，遭到與會人士的反對，理由是：「我們列出了每個自然和地理障礙名單，仁川在所有項目都榜上有名。」但這些反對並沒有改變麥克阿瑟登陸仁川的決心，他認為，你們所提的不利因素，恰好是我認為最有利的因素，反而可以達到「出其不意，攻其無備」的效果，而這一點剛好是戰場上奪取勝利的重要因素，最後，他成功了。

不讓恐懼左右自己，沒有大無畏的精神，是衝不過去的，修道人展示決心，就是遇佛殺佛，遇魔殺魔，毫不畏懼。邱吉爾說：「你若想嘗試一下勇者的滋味，一定要像個真正的勇者一樣，豁出全部的力量去行動，這時你的恐懼心理將會為勇猛果敢所取代。」

要做不一樣的事，原本就是帶有風險的冒險，但是一旦累積了豐富的跨過難關、跳出框框的經驗，人的見識和勇氣自會不斷地升級，只要不放棄。

## ❖嚴：不留退路的淬鍊

將軍的最後一項特質是嚴，嚴是原則，是退一步即無死所的底線，是軍令如山。

有一個神偷的兒子想要繼承父業，神偷就帶他去見習，半夜，潛進了一戶人家，正準備下手時，神偷溜了出來，把門反鎖，然後大喊有小偷，神偷的兒子被他爸爸這突如其來的舉動嚇得不知所措，只好趕快躲進衣櫃裡避難，故意學老鼠的叫聲，騙過主人，等到主人再回去睡覺時，他才偷偷地跑出來，一出來就看到神偷老爸在外面等他，當他正要抱怨的時候，神偷爸爸拍拍他的肩膀說：「恭喜你學成了，可以繼承衣缽了。」

置之死地而後生，是最嚴格的淬鍊，孫子也常以這種方式激發士兵的潛力，「投之無所往者，諸、劌之勇也」，士兵沒有退路，就能抱必死的決心，能激發出像專諸、曹劌這些勇士般的勇氣。

嚴格是要求完美，不放過任何的一個細節，戰場上不允許差錯，一個差錯就可能會輸掉一場戰爭，甚至是一個王國。西元一四八五年，英國國王理查三世（Richard III）在博斯沃思戰役中被擊敗的主要原因，就是缺少釘馬蹄鐵的鐵釘，用了替代品，造成交戰時，馬蹄鐵鬆脫，馬摔倒，理查三世摔死，叛軍獲勝，國家滅亡。所以後來就有這段歌謠流傳了下來：「失了一顆馬蹄釘，丟了一個馬蹄鐵，折了一匹戰馬，損了一位國王，輸了一場戰爭，亡了一個帝國。」

智、信、仁、勇、嚴是一體的，不可以單獨看，失去其中一環，都會讓整個生命產生缺憾。聰明如愛因斯坦（Albert Einstein），在美軍把核子彈丟到廣島之後，說了一段語重心長的話，他說：「這是我此生中最大的錯誤和遺憾，早知如此，我寧可當個修錶匠。」的確，仁慈的選擇有時候比聰明來得重要，有聰明而忽略仁慈，聰明就會失去著力點而被誤用。而勇敢做為將軍的標誌，如果沒有仁者襟懷，可能就只是一個戰場的屠夫，如果沒有理性，不懂好謀而成，那也只是匹夫之勇。只有嚴格的要求，但沒有仁愛的關懷與彼此的互信，也不會有效果，孫子說：「卒未親附而罰之，則不服；不服，則難用也。」反之，只有愛，沒有嚴，結果也不好：「卒已親附而罰不行，則不可用也。」所以「令之以文，齊之以武，是謂必取」，文武兼備，才能打造一支戰無不勝，攻無不克的隊伍。

智、信、仁、勇、嚴鎔鑄成一顆偉大的心靈，揮灑出將軍最豪邁的身影。

**兵法快遞**

儘管一無所獲，不影響我夢到獅子的權利。

# 二 領導是打造一個不可被撼動的品牌

淝水之戰苻堅大敗，損兵折將，一日，登城觀察敵形，見東晉士兵紀律嚴整，井然有序，心生恐慌，忽見附近八公山上森林羅列，竟以為這也是東晉軍隊，他指著這座山上的樹木，對士兵們說：「這是強大的敵人啊，你們怎麼說敵人兵力少呢？」

戰爭的目標，有時候不在佔領土地，或殲滅敵軍，而是摧毀敵人的意志力。只要讓對手知道他沒有贏的機會，而失去求勝的鬥志，造成恐懼，甚至心理遭受強大的壓力，無法承受而崩潰，此時，往往不需要消耗太多的兵力，就能結束戰爭。

孫子說：「三軍可奪氣，將軍可奪心。」點出心與氣「可奪」的特點，將的心被奪了，三軍士氣也被奪了，這個仗就不用打了，苻堅就是心被東晉謝玄所奪，才會鬥志盡失，產生「草木皆兵」的幻覺，仗打到這裡，接下來，就是摧枯拉朽，兵敗如山倒了。

但要讓敵人士氣盡失，鬥志崩潰，必須有強大的有形力量為後盾，再輔以變化無窮的戰術，讓對手來不及反應才可能做到。強大的有形力量，會讓對手產生泰山壓頂的壓迫感，信心會被擊潰；變化無窮的戰術也會讓敵人沒有著力點，產生敵人無所不在的恐懼感，士氣就會被打垮。沒有這兩個前提，就想要讓敵人士氣喪失、鬥志崩潰，恐怕是癡人說夢。

孫子對於戰場上的領導心法，就是這四個條件所組成，就是治氣、治心、治力、治變，他說：「是故朝氣銳，晝氣惰，暮氣歸；故善用兵者，避其銳氣，擊其惰歸，此治氣者也。以治待亂，以靜待譁，此治心者也。以近待遠，以佚待勞，以飽待飢，此治力者也。無邀正正之旗，勿擊堂堂之陳，此治變者也。」（〈軍爭篇〉）

## ❖治氣：激發鬥志

將軍能激發士兵的鬥志，以一當十，以十當百，馬上創造出十倍兵力的價值，而士兵從無助到充滿信心，從挫折當中奮起，以當一名勇士為榮，因此改變自己的人生觀，這種無形的價值，早已超出戰場的勝負。

「氣」是什麼？孟子喜歡談「浩然正氣」，有一次公孫丑就問他：「請問什麼叫浩然之氣？」孟子說：「這很難說清楚啊！這種氣，最盛大，最剛強，靠正直去培養而不傷害它，就會充塞天地之間。」

就如孟子的回答，浩然正氣很難說，但只要你用正道去培養它，它就會充塞在天地之間，而且這種氣是天地間最剛強的力量。孫子不是談浩然正氣，他談的是士氣，但都看不到，摸不著，都很難說，而且都一樣很有力量。士氣是決定戰場勝負的重要因素，士氣可激而有之，也可奪而去之，看得出來士氣是一個很不安定的東西，可以由人來操作，所以孫子談氣，強調治，治就是主動操作，要平常訓練。

## 從士兵的內在需求做起

怎麼訓練呢？孫子說：「殺敵者，怒也。」怒氣就是士氣。怒氣是同仇敵愾之氣，所以要讓士兵有士氣，就要激發出他內心所在意的那個點，心理學家馬斯洛說人有五大需求，每個需求都是一個點，只要碰觸到這些點，就會激發出士氣，譬如賞罰就是生理和安全的需求，賞罰可以激勵士氣，其次，人會在意自己所愛，有人就問孫子，如果「敵眾整而將來，待之若何？」孫子回答說：「先奪其所愛，則聽矣。」吳偉業的〈圓圓曲〉寫出了吳三桂「衝冠一怒為紅顏」的千古名句，《三國演義》中一個貂蟬把呂布耍得團團轉，把董卓送上末路，都是奪其所愛的例子。而將軍對士兵的愛，也會激勵士氣，吳起為士兵吸瘡，士兵上戰場奮不顧身；越王勾踐簞醪勞師，把百姓送的酒灑在江中，與士兵共飲，士兵士氣高昂。再其次，是精神層面的需求，法國畫家德拉克拉瓦（Eugène Delacroix）的《自由領導人民》（*Liberty Leading the People*）是紀念法國七月革命的作品，是人民為爭取自由而發動的一場戰爭，勝利女神一馬當先，帶動民眾風起雲湧，激發的是人性深層的尊重需求，而戰場上將軍能激發士兵們為自己的家國奉獻心力，活出有價值的人生，就能創造戰場上最動人的樂章。

## 用在攻擊，也用在防守

但是氣如飄風，如老子所言「飄風不終朝」，來得急，去得快，所以孫子說要把握士氣最強的時候攻擊：「朝氣銳，晝氣惰，暮氣歸。」士氣會隨著時間而改變，剛開始的時候，氣勢最強，隨著時間的流逝，會慢慢鬆懈下來，等到時間一久，就會失去鬥志。這是孫子為什麼要在〈作戰篇〉強調「故兵貴勝，不貴久」的原因，就是因為知道「其用戰也勝，久則鈍兵挫銳」的道理。發生在西元前六八四年的齊魯長勺之戰，當時兩軍對陣，齊軍躍躍欲試，擊鼓欲攻，魯莊公想要應戰，被曹劌擋了下來，要他等到齊人三鼓之後才下令進攻，魯莊公好奇地問曹劌，這是什麼道理？曹劌說：「夫戰，勇氣也。一鼓作氣，再而衰，三而竭。彼竭我盈，故克之。」（《左傳．莊公十年》）氣被激起來之後，如果沒有著力點，會快速流失，曹劌掌握這個道理，所以能獲勝。

防守的時候，士氣最容易低落，唐朝大將軍李靖說：「氣不只用在攻擊，也用在防守。」這是非常有見地的話，攻擊時一鼓作氣，像跑百米，容易帶動，但是防守卻像一場馬拉松，是一個漫長的考驗，士氣很難維持，所以有些跑馬拉松的人，為了激發士氣，會把距離分割成很多小段，讓自己跑起來像跑百米一樣，就是這個道理。所以如何在防守的時候能讓士兵的士氣持續不墜，考驗著將軍的智慧。楚漢相爭最後垓下一戰，楚軍被漢軍團團包圍，韓信故意叫士兵唱楚歌，激起他們思鄉的情緒，這一招讓楚軍士氣盡失，連項羽也被這突如其來的楚歌嚇到了，失去了應有的理性判斷，以為漢軍已經勝利，鬥志全失，借酒唱出英雄悲歌：「力拔山兮氣蓋世，時不利兮騅不逝。騅不逝兮可奈何，虞兮虞兮奈若何！」眾人皆泣不成聲，最後烏江自刎，讓人不勝唏噓。

## 難以擊倒的二枚腰

士氣會隨著勝利的來臨而強化，所以要趁勝追擊，我們會重視要打響第一炮，會說好的開始是成功的一半，就是這個原理；但士氣也會隨著失敗而流失，會兵敗如山倒，所以一場球賽，攻擊不順時要懂得喊暫停，重新凝聚士氣，一場戰役失敗，將軍要懂得重整旗鼓。打順手球容易，處逆境難，很多傑出的人，就是能熬過一波波的逆境衝擊，還能夠越挫越勇的人，而很多人卻只在一波浪潮衝擊下，就再也爬不起來。

在臺灣，林海峰的名字幾乎就是圍棋的代名詞，他的成就不必多說，他最讓人津津樂道的是他的耐性，能在逆境中轉危為安的功力，因而有「二枚腰」的稱譽。二枚腰是日本相撲的專有名詞，是指一個好的相撲選手底盤很穩，就像有兩個腰一樣，不容易被擊倒，棋界把它拿來形容林海峰的這種韌性，他說他曾有一顆子下三個多小時的經驗，為的就是想出可以反敗為勝的著手，就是這種處逆境的心理素質，才能夠在劣勢之中，還能冷靜，保有士氣，衝破難關。

## 同舟共濟是逼出來的

孫子認為激勵士氣最有效的方式是切斷退路，讓士兵處在不得不戰的環境中，譬如吳、越兩國雖然是世仇，但是當他們處在同一條船上，遇到大風，這時候就會互相幫助，忘了他們之間的仇恨，這叫「同舟共濟」。帶兵也是一樣的道理，士兵來自不同的家庭，各有自己的想法，如何讓他們團結在一起？就是要像吳越同舟一樣，放在一個不得不互相幫忙的情境中，鬥志與潛能就容易被激發出來，孫子說：「兵士甚陷則不懼，無所往則固，深入則拘，不得已則鬬。」沒有退路，只能前進，士氣就會上來，就會團結一條心。

你要相信人有無限的可能，所以不要常給自己留退路，就能激發潛能，創造更多的人生驚喜。

## ❖治心：清除雜念

氣像風，強而易散，心如水，靜而易動。孫子說：「以治待亂，以靜待譁，此治心者也。」以有秩序的軍隊，對付混亂的敵人，以安靜的軍隊，對付浮躁的敵人，這就是治心。將軍的心，是戰場穩定的基石，兵隨將轉，將軍的心不亂，士兵就不會亂。

心如何不亂？孫子說：「將軍之事，靜以幽，正以治。」要靜，要正，靜是老神在在，正是行正道，靜則能洞察幽微，敵人的一舉一動都在掌握之中，戰場的變化也能一目瞭然。正則治軍公正嚴謹，士兵進退有序，可以完成任務。

靜像止水，水止而後能照物，程顥說：「萬物靜觀皆自得，四時佳興與人同。」靜下心來才能感知萬物，才能了解萬物，才會有體悟。《大學》說：「知止而后有定，定而后能靜，靜而后能安，安而后能慮，慮而后能得。」了解止於至善的境界，有了方向，就能定下心來，心定了，就能寧靜不妄動，能寧靜就能心安不亂，心安就能思慮敏捷，能思慮就能有所得。

心靜不容易，老子說要「致虛極，守靜篤」，把心中的雜念清除到一塵不染，就是虛的境界，這才能靜下來，雜念不除，心猿意馬，心就會往外飄，孟子說：「做學問沒有其他方法，就是收心而已。」他舉下棋為例：「有兩個人找來全國最厲害的圍棋高手弈秋指導，但其中一個人專心一意學棋，另一個人卻心不在焉，一面學棋，一面想著拿弓箭要去射飛鳥，最後兩個人的學習成就一定不一樣，這難道是他們的資質不同嗎？顯然不是，專不專心而已。」清除雜念，把心收回來，心才會靜下來。

孔明〈誡子書〉說：「非淡泊無以明志，非寧靜無以致遠。」孔明一生，馳騁沙場，面對無數九死一生的時刻，應該有無數的經驗可以傳承，但他給兒子的話就只是「淡泊寧靜」，可見這四個字有多麼重要。

「正以治」，就是以正道治心，心正一切正，孔子說：「子帥以正，孰敢不正？」將軍做表率，士兵有榜樣可依循，有了穩定的領導中心，就不會亂。心正，就像一把尺，能量曲直，是非就能看清楚，不會被誘惑，雖然在爾虞我詐的戰場，也能清明在躬，心如明鏡，看出敵人的陰謀，找到應對的方法。

生意人做生意貴在行正道，失去正道一定失去消費者的心，很多公司會走不下去，就是這個原因，台灣經營之神王永慶最為人稱道的就是他刻苦耐勞的奮鬥人生，和「取之社會，用之社會」的人生觀，他認為財富是社會託給我管理的，我要把它運用好，然後回饋給社會，這種無私正派的企業家，難怪能獲得社會的肯定，正是其企業能屹立不搖的原因。

## ❖治力：以佚待勞

孫子講治力，強調要省力。他說：「以近待遠，以佚待勞，以飽待飢，此治力者也。」上戰場，身心的壓力很大，行軍作戰，體力的消耗更大，所以士兵體力的維持就很重要。將帥除了要準備充足的糧食外，也不能讓士兵太操勞，士飽馬騰才能作戰，更重要的是利用以近待遠、以佚待勞的方式來節省體力，盡量讓敵人勞動來跟我對戰，這是最省力的方式。

反過來說，對敵人就要採取疲勞戰術，讓敵人力量無法發揮，吳國在柏舉之戰前，就是採取「疲楚誤楚」的戰略，把吳軍分成三支部隊，輪流擾亂楚軍，一軍撤退，換另外一軍，三軍輪番擾亂，讓楚軍疲於奔命。

省力不表示可以不用練體力，士兵的體力是基本功，力量是實現目標的手段，沒有體力，就是有再好的機會，也只能乾瞪眼。孫子說：「見利而不進者，勞也。」明明有很好的機會在眼前，但是力不從心，也只能眼睜睜地看機會流逝。戰場上，致勝的機會難得，如果因為士兵體力不好而錯失致勝機會，那是多麼可惜的一件事，所以孫子說平時就要「謹養而勿勞，併氣積力」，謹慎保養，不要無謂的勞累，以累積豐沛的士氣與體力。

戰場上，大部隊行動，最怕落隊，士兵體力不一，會出現「勁者先，疲者後」的現象，很難產生完整的攻擊力，這就是「木桶理論」的精義，一支木桶的盛水量，決定在最低的那一片，不是最高的那一片。戰場上，尤其在急行軍，那落差就更明顯了，孫子說：「在長途快速行軍中，行百里，大概只有十分之一會到達；行五十里，大概一半會到達；行三十里，大概三分之二會到達。」這對戰力是很大的考驗。拿破崙有一句名言：「行軍就是戰爭，戰爭的才能，就是運動的才能。」所以本來傳統行軍一分鐘七十步，他要提高到一百二十步，硬是要比別人多五十步，他說：「打仗不只靠槍，還靠腿。」

## ❖ 治變：弱守強攻

治變就是為了達到目標所採取的最適當的方法，因為情勢不斷改變，所以方法不能不變。

孫子治變，特別強調要弱守強攻，不要硬碰硬，不要賭氣，不要逞能。他說：「無邀正正之旗，勿擊堂堂之陳，此治變者也。」當敵人軍容壯盛，齊整無懼時，我要暫時避開，這叫知變通。〈謀攻篇〉所謂：「少則能逃之，不若則能避之。故小敵之堅，大敵之擒也。」少不能逃，弱不能避，沉不住氣的結果，就是失敗被擒一途，戰爭目的是勝利，不是逞英雄，能屈能伸才是大丈夫。其實很多時候不是不知道對手強，不要跟他硬拚，但就是忍不下這口氣，被人家一激，脾氣就上來了，就忘了不該硬拚了。楚漢相爭，劉邦很多次都處在下風，但他都能忍住，困守滎陽時，不管項羽怎麼挑釁，他寧可鬥智不鬥力，鴻門宴也以尿遁的方式逃離現場，不跟項羽硬拚，被封為漢中王時，也忍氣吞聲，燒棧道，示弱不出，所以能保住實力，等到機會的到來，這就是知變通。

天地萬物沒有永遠不變的，變動是人生的一部分，所以要懂得應變。《周易》說：「易窮則變，變則通，通則久。」《周易》作者體會到變的哲學，所以碰到阻礙不通的情況，一定會想辦法改變，一改變就會有不同的思維，就會出現新的契機，問題就解決了，常常用這種方式處理事情，就可以應付所有的問題了。陸游詩：「山重水複疑無路，柳暗花明又一村。」懂得變通，路永遠為你敞開。

孫子以「神」來形容能因應變化的將軍，他說：「故兵無常勢，水無常形，能因敵變化而取勝者，謂之神。」（〈虛實篇〉）用兵像水一樣，沒有固定的形態，必須隨時因應環境的變化而變化。競爭場上不變的法則就是變，除了宇宙萬物隨時都在變之外，敵人也隨時都在變招，因為他不想讓你知道他的企圖，他也希望透過變招迷惑你，讓你做出錯誤的判斷，戰場上變動的激烈可以想像，所以能夠應變的將軍實屬不易，孫子會以「神」來稱讚他，不是隨便說說的。

尤其，競爭場上每一次的成功經驗，如果不再變就會變成下一次的失敗，因為敵人會馬上研究你的招數，想辦法破解，所謂「十年河東，十年河西」，很少人能永保第一名，因為第二名知道如何突破第一名，但是第一名的前面卻是一片空白，除非你能不斷自我突破，否則遲早會被識破，會被超越。所以競爭的模式，常是我變，敵變，敵變，我變，不斷成螺旋式的方式往前推進。

環境是變動的，人又可以在變動的環境中再加以變化，變中有變，就讓戰場產生非常複雜的變化，會讓敵人目眩神迷，不知所措，所以孫子特別強調將軍必須具備這種能力，甚至以〈九變〉為篇名，大談這個概念：「將不通於九變之利者，雖知地形，不能得地之利矣。治兵不知九變之術，雖知五利，不能得人之用矣。」九變，是形容變的極致，孫子說：「不知變通，那就是讓你占據了好的地形，也得不到好處的。相同地，用兵不懂得權變之術，就是給你最好的士兵，可能也發揮不了功用。」拿屠龍刀來切西瓜，這是暴殄天物，借臨濟禪師的話來說：「路逢劍客須呈劍，不是詩人莫獻詩。」就另請高明吧！

不懂權變，萬物的功能就會被侷限，禪宗有一個故事，有一晚，天氣很冷，來了一位客人，因為沒有取暖的東西，老禪師叫小和尚去找木材來燒，小和尚找了半天，空手而回，老禪師說：「找不到木材，你不會把門板拆下來燒啊！」老禪師的思維不受限於門板的單一用途，在最需要的時候，才能從門板找到解決問題的方法。

不知變通的人，往往是心態的問題，就是「千錯萬錯都是別人的錯，自己永遠不會錯」的思維，那就無藥可醫了。有一個冬烘先生幫人家寫祭文，結果男性寫成女性，出殯當天，念祭文時當場出醜，喪家責備這位冬烘先生，沒想到他卻臉不紅氣不喘地說：「不可能，一定是你們家死錯人！」這是誇大的笑話，但有這種心態的人可真不少啊！

追本溯源，變動的背後其實是不變，蘇東坡在〈赤壁賦〉裡說：「自其變者而觀之，則天地曾不能以一瞬；自其不變者而觀之，則物與我皆無盡也。」從變的角度看，剎那生剎那滅，萬物沒有一刻停留，但是從不變的角度看，天地萬物都在一個環境中不斷循環往復，質量不滅，從來沒有變動過，變的是現象，不變的是本質。千波萬浪，終歸是水，日出日落，不變的是日月永遠掛在天邊。所以不要迷惑於變動的世界，萬變不離其宗，只要掌握不變的本質，變動的軌跡也就可以掌握了。

「撼山易，撼岳家軍難。」這是金兵將領金兀朮被岳飛徹底擊潰信心之後的喪氣話，一個好的領導者，能夠訓練出一支有士氣、有秩序、有實力、知變通的隊伍，讓敵軍望而生畏，甚至失去鬥志，無求勝之信心，這樣的軍隊就是最有戰鬥力的軍隊，就像一個品牌，在市場上無法被撼動。

**兵法快遞**

懂得變通，路永遠為你敞開。

第六章
# 法：法是宇宙規律的具體化

劉邦剛統一天下，慶功宴上，群臣恭推劉邦為皇帝，劉邦高興地對大家說：「我要去除秦朝繁瑣的禮法，一切從簡，從今以後，大家不必拘禮。」這些跟劉邦打天下的功臣們一聽，都興高采烈，喝起酒來，開始發酒瘋，競相誇耀自己的功勞，甚至拔劍相向，失控的場景，讓劉邦嚇一跳，但也不知如何是好，儒生叔孫通看在眼裡，馬上趨前獻策，願意為劉邦制訂朝儀，穩定秩序，劉邦第一個反應是：「會不會很難啊？」這也難怪劉邦，他書讀不多，擔心是必然的，叔孫通拍胸脯保證，但劉邦還是很擔心，再三叮嚀：「一定要簡單易懂啊！」

過了兩年，朝儀制訂完成，第一次在長樂宮實施，劉邦高坐龍椅，文武百官依序入殿，跪拜，起身，行禮，就坐，安靜有秩序，連喝酒都依尊卑次第，沒有人敢喧譁造次，劉邦非常滿意地說：「吾乃今日知為皇帝之貴也。」（《史記・劉敬叔孫通列傳》）

法是桶箍，讓散開的木片能組合成一個有裝水功能的木桶。就像螃蟹的八隻腳，能齊心協力，往一個方向前進，完成任務。沒有法，就會像一盤散沙，就會造成三個和尚沒水喝的窘境。

叔孫通這套朝儀，解決了失序的亂象，奠定了中國千年政治運作的宏規，居功厥偉。而劉邦不斷強調法要簡單易懂的原則，雖然出自個人因素，卻不經意地點出法的基本精神，法的制定就是要讓大家遵守，如果不能讓大家易懂、易行，就不能發揮功能，那就失去立法的意義了，劉邦這句話暗合天理。

簡單不是粗糙隨意，而是更縝密的思考，深入淺出。賈伯斯就說過：「簡單可能比複雜更難做到：你必須努力釐清思路，從而使其變得簡單。最終這是值得的，因為一旦你做到了，便可以創造奇蹟。」賈伯斯據此創造了操作簡易的手機，獲得大家的認同與喜愛。

孫子重視法的建立，雖列為五事「道、天、地、將、法」的最後一項，但並不表示不重要，反而有壓軸的味道。他在比較敵、我實力的七項要點中，有關法的部分就占了四項：「法令孰行？兵眾孰強？士卒孰練？賞罰孰明？」占決定勝負的一半以上，其重要性可見一斑。

孫子從三個方面談法：「法者，曲制、官道、主用也。」也就是組織制度、人員編制、資源準備。

## ❖曲制：組織適當嗎？

曲制就是組織制度，組織有大小，制度包括所有組織運作的法條規章。孫子在〈勢篇〉中說：「凡治眾如治寡，分數是也。鬥眾如鬥寡，形名是也。」凡是要讓治理眾多的人像治理少數人一樣容易，就是運用組織分層管理的效果；要讓對抗眾多的敵人卻像只有少數的敵人，這就是有了健全的指揮系統和明確的符號系統的結果。

### 組織的美女標準

組織的大小會決定組織運作的順暢與否，龐大的組織像一艘鐵達尼號，轉彎困難，不若小艇輕薄短小，迴轉迅速。組織的部門太多，效率會減弱，容易各自為政，團隊凝聚力不夠；部門太少，功能不清，專業效能不彰，所以如何做到結合兩者的優點，去除兩者的缺點，就要看領導者的智慧了。

楚國宋玉長得帥，口條又好，遭來忌妒，有人在楚王面前說宋玉是一個好色的登徒子，楚王叫宋玉來詢問是否如人所言，宋玉的辯解很風趣，讓人忍俊不禁，他說：「我家鄰居有個大美女，是全天下最美的，一直想要親近我，經過了三年，我正眼都不瞧她一眼，你說我像好色之徒嗎？」宋玉是不是好色之徒，不是我們要關心的，但他形容這個美女的長相：「增之一分則太長，減之一分則太短，著粉則太白，施朱則太赤。」拿來當組織大小的要求，卻是再恰當不過了。

管理學有個「管理跨距」的理論，管理一個部門人數最好不要超過六到九人，亞馬遜總裁貝佐斯有個「兩個披薩原則」，意思是一個團隊的人數，不應該在開會的時候，叫超過兩個披薩，就是希望單位人數不要超出管理人能掌握的範圍。

## 符號的千變萬化

其次，管理要運用簡單的符號，做為組織所有人員的行動依據，孫子說：「部隊裡要用鑼鼓和旗號來統一士兵的行動，符號一確定，勇敢的士兵不能單獨前進，膽小的士兵也不能單獨後退。」

符號是思想的具象化，以前缺少方便的溝通工具，視覺就靠旗號，聽覺就靠鐘鼓，士兵依照將軍指示的符號攻守進退，變換戰術隊形。時至今日，科技進步，溝通傳達的工具不可同日而語，但是近距離的競賽還是採用傳統的方式，譬如球場的競賽，還是可以看到教練摸鼻、搥胸、拍手等等有趣的畫面，籃球的控球後衛、棒球的捕手都是暗號的發動者。

從對抗的角度來看，雙方都會企圖了解對手的暗號，做為行動的依據，二〇一七年美國職棒大聯盟總冠軍休士頓太空人隊（Houston Astros）擊敗洛杉磯道奇隊（Los Angeles Dodgers），獲得總冠軍，但事後爆出太空人隊作弊，他們在球場看台上錄下捕手暗號，再傳給休息區的教練解碼，再指示球員應對，這件事情引起軒然大波，球隊被重罰，因為這種行為在目前的運動競賽是不被允許的，這是大家的共識就一定要遵守。但是從戰場上來看，遊戲規則就不一樣了，為了勝負，雙方往往無所不用其極，所以這種行為不叫作弊，叫做解碼，二戰期間，美日中途島戰役，美軍獲勝的關鍵就是破解了日軍ＡＦ密碼，知道日軍準備攻擊中途島，提早做準備。

符號系統的功能是一套作戰系統，既然是作戰系統，就必須用作戰的角度看待，就必須有防止被敵人拆解的準備，所以球場上、商場上雖然有很多的規定，限制不可以侵犯別人的符號系統，但卻到處諜影幢幢，休士頓太空人隊的案例只是冰山一角，我相信，類似的行為不會因為這次的處罰就停止，道高一尺，魔高一丈，只是方法不斷進化而已。所以與其只朝限制的角度思考，不如要求每個人進化自己的符號系統，奇正相生，虛實為用，讓對手根本無法拆解，這會比較實際，這也是孫子再三強調的操之在己的觀念。

## ❖官道：人才到位嗎？

組織裡面最重要的資產就是人才，所以賈伯斯堅持要用A咖人才，因為他認為用B咖會帶進C咖，公司就完了。

### 人才的整合

人才的特質不同，而一個組織也需要不同類型的人才，一支籃球隊，必須有前鋒、後衛、中鋒等不同的人才，才有人指揮調度，才有人搶籃板，才有人得分。公牛王朝就是由喬登、皮朋（Scottie Pippen）和壞小孩羅德曼（Dennis Rodman）組成的鐵三角。

人才不同，要一起做事就需要整合，這一點NBA的「禪師」傑克森教練做得很好，他說：「要把一群年輕、有抱負的球員，轉變成一支經過整合的冠軍隊伍，這樣的技巧並不是機械式的過程，而是一種神祕的『魔術』。」所謂魔術，就是不為自己，最後成就自己的思維。傑克森的做法是幫助球員了解自己，了解自己就懂得將心比心，就能了解別人，就能無私地合作，無私地合作就能凝聚團隊的力量，就能贏得團隊的勝利，最後也成就了自己。

整合的關鍵在領導人，所以領導人的視野、胸襟、能力都必須能服人，這就是魅力，賈伯斯就是一個好例子，他的管理有些苛刻，幾乎到扭曲現實的地步，他會要求大家做超出想像可及的工作，但大家對賈伯斯的龜毛還是服氣，願意去嘗試，為什麼？因為他有理想性，把所有人凝聚在遠大的目標上，常把「我們做的是改變世界的事」掛在嘴巴上，他找百事可樂的總裁約翰·史考利（John Sculley）來當執行長就是用「你要下半輩子繼續賣糖水，還是改變世界？」這句豪邁的話打動了他。他說過：「可以當海盜，為什麼要當海軍？」這是一個更開闊的世界，讓人覺得充滿希望，可以去追求更大的可能性，這就是領導的磁吸力，是管理優劣最重要的關鍵。

## 人才的訓練

人找到了，也組織起來了，就要訓練，訓練分專業技巧和心理素質，孫子認為專業訓練一定要到位，「兵眾孰強，士卒孰練」是敵我較量的項目，士兵是戰場的主力，技術不到位，無法落實將軍的指令。成熟的心理素質，是強調面對戰場上的壓力，不能屈服，不能動搖的決心。

## 訓練有素的軍隊特徵

戰場上訓練有素的軍隊，就會表現出快慢有序，動靜皆宜的樣貌，孫子〈軍爭篇〉說：「其疾如風，其徐如林，侵掠如火，不動如山，難知如陰，動如雷霆。」風，強調軍隊作戰來無影，去無蹤的迅捷；林，是準備狀態，如樹林排列整齊，有森嚴不可侵犯的氣勢；火，強調其快速，有殺傷力，有徹底殲滅的肅殺氣氛；山，穩固不可侵犯，老神在在，胸有成竹的自信；陰，幽隱不可測，如烏雲蔽日，讓敵人產生不可預知的恐慌心理；雷霆，迅雷不及掩耳的震撼力，讓敵人產生想逃都無法逃的無力感，這六種軍隊的戰鬥形態，就是訓練的成果。

## 訓練不精的軍隊特徵

如果訓練不精，就會造成戰場上攻守無序，紀律不彰，沒有鬥志，將士之間離心離德，未戰先敗。孫子在〈地形篇〉談到有六種因為將的疏失造成的失敗，其中四項都是平時訓練不足所造成：「弛」，將帥懦弱，不能管束士兵，造成軍政廢弛；「陷」，將帥剛強欲戰，無奈士卒缺乏訓練，勇氣不足，不敢應戰，勉強出兵，就會敗亡；「崩」，小將不服大將，軍中不和諧，碰到戰事，小將賭氣，想要同歸於盡，所以不自量力，遇敵便戰，這樣的軍隊一定會崩壞；「亂」，將軍無威嚴，教導無方，下屬沒有規矩，上陣橫衝直撞，所以軍紀紊亂。這四種狀況，問題都是出在訓練不足，將士都出問題，這是導致失敗的原因。

## 判斷敵方的訓練狀況

孫子也從戰場上的觀察來判斷敵人的訓練狀況：

「軍擾者，將不重也」，軍中騷動不安，是將軍不能持重，失去威望。

「旌旗動者，亂也」，旌旗亂動，表示指揮系統已亂。

「吏怒者，倦也」，因為高階領導無能，搞得大家無所適從，疲於奔命，連低階軍官都不服生氣了。

「諄諄翕翕，徐與人言者，失眾也」，士兵聚集在一起，竊竊私語，批評長官，表示領導者已得不到士兵們的心。

「數賞者，窘也」，領導者得不到下屬的心，深怕士卒會反抗，不斷用賞賜的方式，安撫軍心，表示領導者已黔驢技窮，沒招數了。

「數罰者，困也」，碰到困難，士卒不堪用，叫不動，想用刑罰來立威。但是套一句老子的話：「民不畏死，奈何以死懼之。」到這步田地，恐怕問題不小了。

「先暴而後畏其眾者，不精之至也」，教令不明，士卒不練，領導者拿不出辦法，只會用強暴的方式壓制士卒，士卒不服，領導者又怕眾人離心離德，所以又改變方式來安撫士卒，這樣的將軍沒什麼本事，又不懂領導。

## ❖主用：口袋夠深嗎？

戰爭就是錢堆積出來的昂貴遊戲，後勤支援，糧草補給，往往是勝敗的關鍵。所謂「三軍未動，糧草先行」，曹操能於官渡大勝袁紹，就是從燒了袁紹的糧草開始。劉邦能戰勝項羽，就是有一個後勤主管蕭何，提供源源不絕的糧草給前方將士使用。

孫子說：「發動一場十萬人的戰爭，一天就要花費千金，才足夠應付。打太久的仗，武器會缺損，士氣會低落，攻城會耗盡力量，曠日持久的戰事會把國家財政拖垮，別的國家也會趁虛而入了，所以最好的策略就是『速戰速決』。」

其次，為了減低糧食的負擔，孫子認為要把風險轉移到敵人身上，他說：「因糧於敵，故軍食可足也。」打到哪吃到哪，這就不用愁糧食匱乏，也不用擔心運輸的困難，這個想法很好，但凡是依賴別人才能存活的事都要更加謹慎，必須有配套，否則敵人堅壁清野，又沒後援，後果之嚴重可想而知。

## 計然的「戰爭經濟學」

糧草補給這麼重要，那要如何儲備呢？《史記．貨殖列傳》記載了一段計然以他的生意頭腦幫助越王勾踐順利復國的故事，很有參考性，他說：

一、知道要戰爭，就要先做好糧草的準備。

二、了解人民什麼時間需要什麼貨物，才可以調整市場供需。

三、每年的氣候狀況不同，但都會有循環週期，所以要在旱災時儲備船隻，水災時儲備車子，才可以應付不時之需。

四、物價要取中間值，否則穀賤傷農，價高商人無利可圖。

五、勇於低買，捨得高賣。

六、不要囤積居奇。

越王勾踐照著計然的方式去做，經過十年，國家富有了，勾踐就把錢拿來賞賜給士兵，士兵受到鼓舞，個個奮勇爭先，終於報了敗吳的一箭之仇，把吳國滅了，揚威中原，列為霸王之林。

計然幫越王和我們上了一堂財經課，讓我們知道財富的累積要未雨綢繆，要懂供需平衡，要懂物極必反，要懂人棄我取。國家財經政策不允許有人囤積貨物，賺取價差，要貨暢其流，不可以偏袒任何行業，要照顧到每一個人。有了這些措施，國家就會富有，賺了錢就可以用來獎勵士兵，就可以打勝仗，這是面對大量消耗金錢的戰爭，最有效的辦法。

孫子面對戰爭的大量支出，提出節流的方案，但他沒有提出開源的方法，這不能怪他，畢竟他是帶兵上戰場的將軍，談的是戰爭本身的相關因應，而戰前的準備就必須有像計然這樣的經濟人才相配合，就像韓信也要搭配蕭何，劉邦才能圓夢。

## ❖「法」源自人性

戲法人人會變，巧妙各有不同。法是人訂出來的，適不適用比較重要，每個人的成功法則都不一樣，沒有人可以完全複製別人成功的經驗，〈典論論文〉「雖在父兄，不能以移子弟」，所以切忌依樣畫葫蘆，否則學不到精髓，只學到皮毛，畫虎不成反類犬。

孟子說：「徒善不足以為政，徒法不能以自行。」只有一顆善心不能夠把事做好，但只有法，沒有人性的溫度，會傷人傷己，也無法推動，孫子談「法」之前先談「道」，五事「道、天、地、將、法」中的第一項和最後一項首尾呼應，顯示孫子對法的期許，是以道為基礎的，這一點也給我們一個省思的空間。

# 第七章
# 比較：超越別人的關鍵是超越自己

大草原上，羚羊一早起來就要開始練習賽跑，因為他知道，跑不過獅子，就會成為獅子的大餐，獅子也不敢偷懶，因為他也很清楚，跑不過羚羊，就會餓死，這就是大草原的生存法則。

戰場的慘烈不遑多讓，孫子說：戰場就是「死生之地」，所以必須尋求「存亡之道」，也就是活下來的方法。面對這個殘酷的事實，沒有什麼商量的餘地，你必須有本事，而且必須有比對手更強的本事。

誰強？需要比較才知道，孫子說要「校之以計，而索其情」，校，就是比較；情，就是實際情形，你必須透過比較才能了解敵人的實情。

比什麼呢？孫子說，比七項。

## ❖七項指標知勝負

「主孰有道，將孰有能，天地孰得，法令孰行，兵眾孰強，士卒孰練，賞罰孰明，吾以此知勝負矣。」誰的國君比較得民心？誰的將帥本事大？誰能佔到天時與地利？誰的法令能確實推動？誰士飽馬騰？誰士卒訓練精良？誰的賞罰分明？透過「道」、「能」、「得」、「行」、「強」、「練」、「明」這七個關鍵字，誰優誰勝，誰劣誰敗，一較便知，所以孫子說：「吾以此知勝負矣。」

### 主孰有道

「主孰有道」，是永遠的第一項，因為得民心者得天下。越王勾踐「簞醪勞師」，就是把村民送的酒灑在長江裡，大家共飲，此舉象徵同甘共苦，感動了全體將士，奮勇殺敵，大敗吳軍。對企業來講，除了得到員工的心之外，更要得到顧客的認同，物流業龍頭亞馬遜的經營理念標榜的就是顧客第一，「低價」、「快速送達」和「大量選擇」，這三項永遠是顧客的需求，公司就圍繞在這個理念之下運作。貝佐斯篤定地說：「十年後，消費者還是喜歡低價。」你也很難想像十年後會有消費者跟你說：「我喜歡亞馬遜，但我希望貨送得慢一點。」貝佐斯就因為抓住消費者的需求，讓亞馬遜才二十年的光景，已成為數一數二的大企業。

## 將孰有能

有能力的將軍決定戰場，明朝末年倭寇肆虐，靠戚繼光以嚴謹的治兵紀律和獨創的戰術，終於掃平倭寇，讓百姓恢復平靜的生活。就像一個企業，公司營運的好壞決定在CEO。賈伯斯生病，蘋果股價三十美元，病癒復職，股價上升到九十元，就是一個很好的例子。

## 天地孰得

天時、地利是雙方共有的資產，強調誰先佔先機和先卡位。孔明出山幫劉備，被司馬徽點出雖得其主，但卻失其時，因為曹操跟孫權早已占得先機，搶到好位置。孔明自己也很清楚，在〈隆中對〉裡就提到，不可與曹操爭鋒，連東吳都只能聯盟，不可為敵。在這麼不利的情況下，想要突圍，其難度可以想見。所以孔明只能從地利想辦法，其中之一就是荊州，這個決定，造成整個三國時期，搶得最兇的就是荊州，但最後還是因為關羽大意失荊州，引發劉備攻吳大敗，蜀漢一蹶不振。孔明非池中物，但最後只能鞠躬盡瘁，死而後已，能說不是敗在天時、地利嗎？

## 法令孰行

法令能不能徹底執行，是領導威信的問題，也是紀律的問題，孫子認為軍紀不可打折，「勇者不得獨進，弱者不能獨退」，有紀律才能同心協力，共同完成目標。孫子吳宮教戰，斬了吳王兩個寵姬，他的叔輩司馬穰苴殺了監軍莊賈，都是強調法令必須徹底執行的例子。

## 兵眾孰強

兵眾強，戰力才會高，所以孫子說士兵的身體要「謹養而勿勞，併氣積力」，要養護得宜，不要過度勞累，才能累積強大的力氣應敵。公司員工是公司的資產，身心健康才有戰鬥力，只顧業績，不顧員工的身體，那是殺雞取卵。其次，要注意整體的戰力，一支軍隊的實力參差不齊，會造成在運動戰中不能統一步調的危險，就像公司部門能力懸殊，就會出現一顆老鼠屎壞了一鍋粥的現象，所以汰弱留強，或者想辦法加強管理，才能讓公司齊一步伐前進。

## 士卒孰練

訓練有素的士兵，除了專業能力外，還能有合作協調、臨場應變、戰術靈活、士氣高昂、不怕苦、不怕難的特質。企業員工能勝任職務的要求，能在規定時間內完成任務，能面對不斷變化的環境從容應對，這才叫作訓練有素。訓練有素要做到「平時即戰時，訓練即比賽」，二〇一九年NBA勇士隊（Golden State Warriors）在杜蘭特（Kevin Durant）受傷缺席的不利情況下，賭盤一面倒地看衰勇士隊，但他們最後卻淘汰了火箭隊（Houston Rockets），進入西區總冠軍賽，這是因為教練用兵，平時就注重各種狀況的演練，所以主將受傷，替補上陣，一樣是一支完整的隊伍。

## 賞罰孰明

「明」就是清楚公平，賞罰不會因人而異，法律面前一律平等，賞罰明，戰場上，士兵就會聽令，公司裡，員工就會信服。《三國演義》九十六回，孔明街亭揮淚斬馬謖，因為馬謖犯了一個不能原諒的錯誤，孔明不因馬謖的父親與他是好朋友，臨終託孤，就輕輕放過，他一視同仁，流著內心煎熬的眼淚，還是堅守軍中紀律。執法者，公正廉明，明察秋毫，屬下就不能蒙混過關，這樣做，員工就會服氣，知道努力就會有收穫，更努力就會更有收穫，當然大家就會奮勇爭先，不遺餘力了。

## ❖質化指標很難測？

孫子的七項指標，「道」、「能」、「得」、「行」、「強」、「練」、「明」都是質化指標，不是量化指標，孫子沒有談到武器的優劣，人員的多寡，不是孫子不在意客觀的量化指標，而是他更在意心理素質的質化指標。

質化指標強調內在的心理素質，常常會因為無法量化，而讓人擔心不夠客觀，無法公正評量，以至於評量的趨勢越來越偏愛量化指標，這是一個誤解，也是一個危機。其實質化指標不是想像中的難以捉摸，而且更重要的是透過它才真正能看到事情的本質。

春秋時期，晉文公想要攻打齊國，為了保險起見，決定派大臣范昭使齊，打探齊國虛實。范昭沒有拿算盤算他們的人員、糧草、馬匹，而是從齊國內部的禮樂制度下手，在齊王舉辦的歡迎宴會中故意拿齊王酒杯喝酒，羞辱齊王，晏嬰馬上替齊王換杯子，不讓范昭得逞。范昭再藉酒意要樂師幫他演奏周王音樂，此舉也被樂師識破，故意推託不會演奏此樂。范昭這兩招都沒得逞，知道齊國內部的治理非常健全，禮樂不失，於是馬上回去稟告晉文公，齊國君臣之禮未壞，不可輕舉妄動，這就是典型的質化指標。

現在企業裡，要測出一些質化能力一點都不難，走出去，到對方的場子看一看，很容易就可以看到他們公司的紀律、應變力、向心力等等能力，只是大家不習慣離開辦公桌做計畫而已。孫子兩千多年前的觀念，今天看起來還是非常的新潮實用，具啟發性。

## ❖比較是相對，準備是絕對

孫子的比較還有一個特點，就是比較的法則是相對，不是絕對。孫子談比較，只談孰強，不談最強，談最強就是談絕對，就是要考一百分。但是百米賽跑不是比誰創紀錄，而是比誰先到終點。獅子實力雖強，但只要慢羚羊一步，對不起，獅子就是輸家。一場籃球賽，雙方實力都不強，比分很低，但是你只要贏對手一分，你就是贏家。所以相對的比較法則只論輸贏，這就是競爭的相對論。交易市場上，不必吹噓你有多厲害，只要告訴我你能打敗大盤，我就肯定你是贏家。

比較是相對的，但準備卻要盡量要求絕對。不是看到對方弱，我就可以鬆懈，這是不長進，更何況，對手現在弱，不表示他會一直弱下去。而且戰場上多的是欺敵戰術，對手可能製造弱者的假象，讓你鬆懈。所以孫子雖然強調相對的比較觀，但他對準備的要求卻是絕對的，「兵之所加，如以碫投卵者，虛實是也」，以碫擊卵，就是以石擊卵，就是以實擊虛，這才有絕對的勝算。

## ❖小心比較的誤區

孫子的七項比較指標，展現了整體性、精神性與相對性的幾項特質，提供我們比較的方向，為了能確定比較的精確性，必須對資料的真實性嚴格要求，否則就會產生誤判，而貽誤戰機。

楚漢相爭，劉邦大將韓信以「明修棧道，暗渡陳倉」幫劉邦從漢中脫困，以「背水一戰」破趙，以飛書降燕，以迅雷不及掩耳的戰術進攻齊國，幫劉邦打下半壁江山，聲威顯赫，如日中天。此時項羽危在旦夕，派出大將龍且要與韓信決一死戰，這關鍵的一戰，至關重要，照理說，雙方應該是卯足全力要互探虛實，擬定攻守對策，但不可思議的是龍且對眼前的對手韓信的印象，竟停留在以前的記憶當中，龍且說：「吾平生知韓信為人，易與耳，寄食於漂母，無資身之策；受辱於下，無兼人之勇；不足畏也。」「易與耳」這句話的意思就是容易對付，龍且完全無視於韓信這隻醜小鴨已經變天鵝，已非當年吳下阿蒙，這個過時的資訊造成誤判，最後兵敗也就無足為奇了。

人的理性常會被過往經驗影響，被嚇到的人，容易高估敵人的實力，「一朝被蛇咬，十年怕草繩」，相反地，常勝軍也會高估自己的實力。前秦苻堅在北方無敵，胃口養大，想覬覦東晉肥沃國土，大臣提醒他，東晉君臣和睦，士氣高昂，而且據長江天險，沒有那麼容易擊敗，但被勝利沖昏頭的苻堅說：「以吾之眾旅，投鞭於江，足斷其流。」不顧眾人反對，一意孤行，最後慘敗收場。

我們習慣看到自己在意的部份，心理學稱作「視網膜效應」，這也是比較的大忌。你懷孕了，突然滿街都是孕婦；你失戀了，突然所有的情歌，都是為你而寫。魏國大將軍龐涓為什麼會被孫臏減竈法所騙，就是他心中早已認定齊國人是貪生怕死的，所以當孫臏擺出第一天造十萬竈，第二天五萬竈，第三天剩下兩萬竈，製造齊軍逃跑的假象時，就符合了他心中的圖像，此時龐涓再也無法作正確的思考，任憑孫臏擺佈，孫臏抓住了龐涓的視網膜，讓他乖乖就範。

## ❖ 比不過，你願意放棄嗎？

比較從我們一出生就如影隨形，從我們還不懂事的時候就已經被拿來比較，直到老死，都沒有辦法脫離比較的魔咒。有人的地方就有比較，既然不能擺脫比較，就要接受比較，只是在面對比較時應該有一些正確的認識，避免產生不必要的困擾。首先，要拿出你最好的一面來跟別人比較，愛因斯坦曾說：「每個生命都是天才。然而，如果你用爬樹的能力來評價一條魚有多少才幹，這條魚終其一生都會相信自己愚蠢不堪。」所以在比較之前，你必須努力活出自己，讓自己的特色產生競爭力。

其次，比較是現實的挑戰，雖然殘酷，但也能激發出個人潛能，百米賽跑，往往對手越強，越能逼出你創紀錄的成績，這叫良性競爭。如果你不能用這種心態看比較，而是忌妒別人比自己強，每天只把眼光放在競爭的對手身上，而忽略了發展自己，甚至因為比較而失去自信，產生嫉妒心、焦慮與恐懼，造成心理的障礙，那就得不償失了。

我很欣賞虯髯客，他本來是要準備打天下稱帝的，但是當他看到比他更適合統治國家的李世民時，見之心死，馬上放棄自己原來的想法，並把家財、兵法交給李靖，讓李靖來協助李世民，然後揮一揮衣袖，不帶走一片雲彩，自己到東南方的扶餘國，再闢一片江山。本來，他不是沒有一搏的機會，但是他知道成功不必在我，要跟比他更強的李世民拚搏，可能要耗費十數年，對天下蒼生是一種災難，所以他放棄了。這種氣度是比較的最高級，在競爭的世界裡，留下典範，讓人讚嘆，也留給我們對「比較」一個深思的空間。

第八章
# 目標：目標不在外面，是在你的心裡面

歌手林強的〈向前走〉：「火車漸漸在起走，再會我的故鄉和親戚，親愛的父母再會吧，鬥陣的朋友告辭啦，阮欲來去台北打拚，聽人講啥咪好康的攏在那，朋友笑我是愛做暝夢的憨子，不管如何，路是自己走。」這首歌寫出了為理想目標而奮鬥的熱血與勇氣，告別親人朋友，離開舒適圈，要去實現一個夢，這條屬於自己的路，要由自己去走出來。再怎麼辛苦都不怕，都會勇敢地向前走。

《牧羊少年奇幻之旅》（*The Alchemist*）中的名句：「當你確立目標，整個宇宙都會幫你達成。」只要你的目標確立，你的思維行動就會有一個方向，整個環境都會因為你的選擇而不一樣。譬如，你想學畫一棵樹，你會發現平常的一棵樹，竟然會有這麼多種不同的顏色和姿態；你改變一個待人處事的觀念，你會發現大家看你的眼神也馬上不同。

## ❖ 找到你的人生目標

目標是我想要，我勇敢地跨出去，就會有收穫，孔子說：「我欲仁，斯仁至矣。」這是目標所展現的能量，也是人生無限可能的證明，存在主義諸公們提出「存在先於本質」，就是強調不要受限於先天的限制，每個人應該重視自己的自主性與自由的價值。談人生目標，最讓人雀躍的就是這種無限可能的期待。

### 從自己的內心尋求

目標是生命迸發的精靈，在生命裡面，不在生命外面，往外追逐別人眼中的目標，追逐潮流，追逐虛榮，放著自己內心的寶藏不顧，是很多人不自覺常犯的錯誤，唐代無盡藏比丘尼〈悟道詩〉：「終日尋春不見春，芒鞋踏破隴頭雲，歸來笑捻梅花嗅，春在枝頭已十分。」這首詩是借喻，用春天來借喻自己的人生目標，當你費盡千辛萬苦，不斷往外尋求時，會發現遍尋不著，只有回頭從自己的內心去找，才發現原來你要的人生目標就在你的心中。楊絳的〈百歲感言〉說：「我們曾如此渴望命運的波瀾，到最後才發現，人生最曼妙的風景，竟是內心的淡定與從容。我們曾如此期盼外界的認可，到最後才知道，世界是自己的，與他人毫無關係。」百歲人瑞給我們的忠告，真是千金難買。

## 你敢不敢做自己？

回歸自己，才能找到自己的人生目標，問題在你敢不敢做自己？

脫口秀名人艾倫．狄珍妮（Ellen DeGeneres）在一場演講中，敘述他因為公佈自己是同志的身分，而失去了好不容易建立起來的事業，甚至好幾年沒有人再找他合作，但是他知道只有放下內心長期以來的羞恥與恐懼，他才能真正做自己，才能放下重擔，最後也因為這個抉擇，展現了一個更具魅力的自己，反而得到了更多年輕人的喜愛，重新走出一片天。

你為什麼不敢做自己？說穿了就是怕失去，怕失去朋友，失去面子，失去事業，怕……，但是就如艾倫．狄珍妮說的，不敢做自己，就必須承擔內心的羞恥與恐懼，雨果作品《悲慘世界》的主人翁尚萬強，從一個罪犯脫胎換骨成為一個傑出的企業家，但他一直被警方懷疑是那個沒有向法院報到而被通緝的尚萬強，直到有一天法院通知他，他們已經抓到了被通緝的尚萬強，警察向他承認錯誤，跟他道歉。但是他心裡明白，法院抓錯人了，他陷入掙扎，我要不要去自首，或者把這個祕密隱藏在心裡，繼續過他現在的生活，這是個艱難的抉擇，因為選擇去自首，他不但失去他辛苦建立起的事業，靠他維生的一群人也從此失去依靠；選擇不去自首，他無法面對一個無辜的老人代他受罪，他內心會一輩子不安。他問自己，我是誰？哪一個我才是真實的我？

最後，他選擇出來自首面對，他知道這才是他自己。

只有真實地面對自己，才能讓自己沒有任何的負擔，才能踏出有力的步伐，你的人生才會真正的開始，這一步不容易，但你必須做。

## 人生像電影，每個畫面都有意義

只要你開始面對自己，就走上對的這條路了，目標遲早會出現，也遲早會完成。剛開始我們對人生的目標都是矇矇朧朧的，近在眼前，卻又遠在天邊，這是正常的現象，目標的確立是一個過程，隨著年齡的增長，人生閱歷的增加，我們會不斷地修正我們的目標，幸運的人，很快就找到了方向，確立了目標，Facebook 創辦人祖克柏（Mark Zuckerberg）十九歲就在宿舍和同學確定了要連結人與人之間的網絡，孔子十五歲就立志學聖賢之道，儘管不是每個人都那麼幸運，但是只要遵循自己的感覺走，總有一天你會發現：你要的東西就藏在這一點一滴的努力中。就如賈伯斯說的：「你無法預先把現在所發生的點點滴滴串聯起來，只有在未來回顧今日時，你才會明白這些點點滴滴是如何串在一起的。」人生就像一部電影，只有到了結局才知道：原來從開始的每一個畫面都是有意義的。所以目標還不明確，表示你的人生觀還沒有確立，不用急，急也沒有用，只要聽從你內心的聲音，朝著對的方向走，不要放棄，總有一天你會找到的。

## ❖ 實現人生目標

目標確定了，就是全力以赴，王國維《人間詞話》談到：「古今之成大事業、大學問者，必經過三種境界：『昨夜西風凋碧樹。獨上高樓，望盡天涯路。』此第一境界也。『衣帶漸寬終不悔，為伊消得人憔悴。』此第二境界也。『眾裡尋他千百度，驀然回首，那人卻在燈火闌珊處。』此第三境界也。」第一境界重點在一個「獨」字，不管環境多麼惡劣，我有我的路要走，我有我的一生。第二境界談的是追求人生目標的過程中，一定會經歷很多的挑戰，但我不會後悔，因為這是我自己的選擇。第三境界就是完成了自己的人生目標，但那是水到渠成，不經意之間到來的，無法事先得知。

## 專注的力量

孫子說：「計利以聽，乃為之勢。」利是目標，計是計畫，聽就是完全接受。計利以聽，就是所有的計畫都是為了達成這個目標而做，勢就是行動，所有的行動不能偏離這個目標，這是全心全意的專注。

《莊子．知北遊》有一個故事：楚國大司馬家有一位鑄劍的工匠，雖然已經八十歲了，但他鑄劍絲毫不會有一點點的差錯，大司馬問他：「你技巧這麼好，是有什麼訣竅嗎？」工匠說：「我有一個方法，我二十歲時就喜歡鑄劍，從此以後別的東西都不再吸引我，跟鑄劍不相干的東西我都不會去理會。我能專注是因為我不用心在其他的事物上，所以能產生這種效果。」工匠接著又說：「如果能夠做到連不用心的那份心也去除的話，那就更能產生無窮的妙用了。」

莊子這個故事強調專注的重要，就像放大鏡聚光可以起火一樣，如果把專注的心養成習慣，達到不需要思考就能專注，那就達到最高境界了，所產生的妙用也就更為驚人。我們要養成一種好習慣，剛開始需要提醒鞭策，等到成為習慣之後，自然心手合一，進入不思不想的境界。

## 別讓欲望和情緒絆住你

專注有這麼大的力量，我們為什麼做不到？我們必須承認生命是堅強的，但也是脆弱的，生命與生俱來就有向上與向下的兩股力量拉扯，就像法國哲學家帕斯卡（Blaise Pascal）說的：「人不過是一根蘆葦，是大自然中最脆弱的東西，卻是一根能思考的蘆葦。」在實現目標的過程當中，人不但會受外界的誘惑與干擾，也會被自己的欲望與情緒所影響，你必須下定決心去面對它，才能在追尋目標的過程中有收穫。孫子在〈地形篇〉中說：「進不求名，退不避罪，唯人是保，而利合於主，國之寶也。」求名、避罪就是私心作祟，在完成保家衛國的重大任務面前，都應該要去除，才能全心全意完成任務。

情緒是最大的干擾源，孫子認為國君和將軍做為戰場最重要的兩個決策者，必須學會控制情緒。孫子說：「主不可以怒而興師，將不可以慍而致戰；合於利而動，不合於利而止。怒可以復喜，慍可以復悅，亡國不可以復存，死者不可以復生。故明君慎之，良將警之，此安國全軍之道也。」國君和將軍都不應該為了個人的情緒而發動戰爭，謹記符合目標利益的才發動，反之則止。因為生氣可以平復，國家滅亡，就沒有了，人戰死了，也不能復生，好的國君和優秀的將軍都要謹慎警惕，這才是安邦定國之道！

蘇東坡在〈留侯論〉中說：「天下有大勇者，卒然臨之而不驚，無故加之而不怒。」真正的勇者不會被突然來的事物驚嚇，無緣無故地激怒他，他也不會生氣。張良協助劉邦把天下打下來，就是在很多次劉邦按捺不住的時候，適時提醒他要沉得住氣，歷史上，劉邦被視為「弱勢贏家」的典範，要歸功於張良，而張良的忍功則是得自圯上老人對他的考驗。「先處理心情，再處理事情」，這是每一個擔當重責大任的人必須具備的修養。

股神巴菲特說，股市贏家要克服人性的貪婪與恐懼，能在別人貪婪的時候恐懼，別人恐懼的時候貪婪。但說來容易做來難，真正實踐的時候，你就會發現別人貪婪的時候，你不但不恐懼，反而更貪婪；別人恐懼的時候，你不但不敢貪婪，反而比別人更恐懼，這就是為什麼那麼多人會在投資市場鎩羽而歸的主要原因。

## 走到最遠的地方

目標是一個人對自己的人生編織的夢想，做出的承諾，目標讓我們在浩瀚的宇宙之間不再微不足道，人因為有目標而偉大，人也因為有目標而能感受到自己的存在，活得踏實，活出無限可能。大航海家庫克船長（Captain James Cook）說：「我的企圖心引領我，不只要去到比我先行者所及更遠的地方，而是要極盡所能，去到人類所及的最遠之處。」

第九章
# 勝利八法

成功路徑圖的「執行：要怎麼打？」、「詭道：如何弱敵？」，進入實戰階段，這部分孫子以〈形篇〉、〈勢篇〉、〈虛實篇〉三篇為主線，貫穿往後的其他篇章，主要談贏的策略。〈形篇〉、〈勢篇〉、〈虛實篇〉三篇是《孫子兵法》十三篇的高潮，讀來讓人血脈賁張，就像金聖嘆「不亦快哉」的心情，像紀弦〈狼之獨步〉說的：「這就是一種過癮。」

這部分以八個單元來討論，我稱之為「勝利八法」。

勝利八法圍繞在「虛實」的概念下展開，唐太宗說：「孫武十三篇無出虛實，夫用兵，識虛實之勢，則無不勝焉。」點出戰場勝負的關鍵就在虛實，透過「識虛實」，創造「我實敵虛」，就可以戰無不勝。

「識虛實」的方法：分三篇來討論，一是「先知」，即運用五種間諜，全面性地掌握敵人的情況，讓敵人成為透明人，無所遁形。二是「現形」，在實戰過程中，必須先讓敵人現出原形，製造我暗敵明，敵人備多力分的有利情況。第三是了解戰場的「虛實」，戰場上，爾虞我詐，虛虛實實，讓人眼花撩亂，我分出「虛實十六式」，可以拆穿戰場上虛實變化的迷霧，創造「避實擊虛」的機會。

「我實」的方法：也分三篇討論，一是「造形」，在實戰的過程中，孫子強調要創造一個「立於不敗之地，而不失敵之敗也」的勝利之形，讓敵人不敢抵抗；其次是「造勢」，創造一個「轉圓石於千仞之山」的戰勢，讓敵人無法抵抗；第三是「無形」，「人皆知我所以勝之形，而莫知吾所以制勝之形」，掌握戰場主導權，讓敵人不知道怎麼抵抗。

「敵虛」的方法：分兩篇討論，一是「利害」，就是從人性趨利避害的原理，來調動敵人，讓敵人隨著我的指揮棒前進；其次是「示形」，用詭道來欺敵，「多方以誤之」，讓敵人做出錯誤的判斷。

戰場凶險，是千軍萬馬的廝殺，是英雄的鬥智，而孫子可以如此輕鬆瀟灑，如此舉重若輕，自信滿滿，猶如天神降臨，眾神辟易，不敢逼視，就是他掌握了「勝利八法」，所以他敢說出「為敵之司命」的豪語，讓他在戰場上隨心所欲，所向無敵。

孫子的「勝利八法」，保證所有的問題都能解決，所有的敵人都可以擊敗，其肯定的語氣，就像釋迦牟尼佛肯定眾生皆可成佛，孔子肯定人人皆可以為堯舜一樣，沒有例外。這給我們十足的信心，如果我們面對問題，還說做不到，那就是自暴自棄。

### 兵法快遞

競賽場上，我每一次出手都是建立在了解對手的想法之上。

# 一 先知：為了先知敵情，你不應該吝嗇

黑貓中隊是臺灣七〇年代的產物，這一支主要任務為偵蒐敵情的部隊，為臺灣情報史寫下可歌可泣的一頁，他們駕著最先進的U－2飛機，像貓一樣在黑夜出擊，飛上七萬呎的高空，一個沒有人可以到達的地方，孤獨地、安靜地在深藍的宇宙空間前進，克服感性的情緒，準確理性地拍下國家需要的照片，在九死一生中完成使命，對這二十八位黑貓成員來說，每一次出任務，都是一次生離死別，這種煎熬淬鍊他們成為一個真正的勇士，心中只有國家，沒有個人，沒有家人，也沒有生死，在戰爭與和平的裂縫中，義無反顧地以生命來填補，榮譽是他們唯一的夢，他們的身體很微小，精神卻很巨大，在歷史的殘酷中，用自己的生命開出聖潔的花朵，傳遞芬芳。

兩千年前的孫子以〈用間篇〉來闡述他對情報工作的重視，黑貓中隊的形象，讓我們對〈用間篇〉的「五間」，有了更鮮明的了解與感同身受，對情報的價值也能從更寬廣的角度來理解。

## ❖先知是成敗的關鍵

競賽場上有一個很弔詭的現象，就是敵我雙方都不想讓對方知道自己的企圖，但是每一個想法卻都是建立在了解對方的想法之上，一個圍棋高手，他的每一步棋，都在腦海裡下了不曉得多少步了，能這樣推測對手可能的對應方式，就是因為他了解對手。

在競賽場上，情蒐是每個團隊必須做的工作，戰場上就更不用說了，孫子說：「知彼知己者，百戰不殆。」（〈謀攻篇〉）了解自己，也了解對手，這樣在每一次對戰中，就不會有危險了。所以先知敵情，是成敗的關鍵，孫子說：「明君賢將，所以動而勝人，成功出於眾者，先知也。」（〈用間篇〉）傑出的領導人，所以能夠出手就獲勝，領先群倫，邁向成功，就是先知敵情。

先知敵情如此重要，就要不計一切代價地去獲得，很難想像還有人寧可省錢，而不要知敵情，孫子對這種人簡直不能忍受，所以措辭極不客氣。他說：「相守數年，以爭一日之勝，而愛爵祿百金，不知敵之情者，不仁之至也。」孫子用「不仁之至」來表達他不能接受的心情，但這樣講還不夠，他接著又說：「非人之將也，非主之佐也，非勝之主也。」連續用了三個「非」字，說這種人不夠格當將軍，不夠格當國君的輔佐，不夠格當一個主宰戰場勝負的人，這三個「非」字，是對這種人能力的全盤否定，意思是你根本沒資格當將軍。〈用間篇〉一開頭，措辭就如此強烈，語氣如此急迫，看得出來，孫子對於先知敵情的重視，已到了需要用情緒語言才能表達的地步，他的急切、不安完全寫在臉上。

## 理性掛帥

急切不安顯現在先知的態度上，就是不能妥協於不理性的行為。孫子說：「先知者，不可取於鬼神，不可象於事，不可驗於度，必取於人，知敵之情者也。」孫子又連續用三個「不」字來表達他對先知態度的嚴格要求，不行就是不行，這裡沒有妥協的空間，「三不」是不可以相信鬼神之說，不可以類推，不可以用有形的度數量測無形的心理，一定要用人的理性來獲得正確的敵情。

孫子這「三不一要」說出了先知的態度，在兩千多年前，顯得非常可貴，因為那是一個民智未開的年代，孫子能夠以理性掛帥，排除不利先知的因素，放到今天來看，都還是振聾發聵，發人深省。

鬼神之說，在那個年代常用來做為決策的依據，但孫子反對，為鄭國鑄刑書，第一個建立法律制度的子產想法跟孫子一樣。《左傳》昭公十八年，宋、衛、陳、鄭等國紛紛發生火災，鄭國臣子裨竈說：「這是上天的旨意，我們一定要求神來幫忙，你們要相信我的話，否則鄭國還會發生火災。」子產不理會，其他大臣說：「這要慎重考慮，萬一不聽他的話，國家滅亡了怎麼辦？」雖然面對這麼多的壓力，但是子產不從就是不從，他說：「天道遙遠，裨竈怎麼會知道？而人道卻是清清楚楚地擺在眼前，大家都知道，那些整天講鬼神的人，講多了，偶爾也會說中一次，但那又怎樣呢？值得相信嗎？」孫子跟子產堅持的是理性判斷，更是基於不安不忍之心所激發出來的力量，明明不可靠的東西，你怎麼忍心把全國百姓的生命賭下去呢？現代人「不問蒼生問鬼神」的風氣並沒有減少，對照兩千年前孫子的見解，讓人不勝唏噓。

類推就是經驗的複製，昨天的勝利，不能保證今天的成功。農夫看到一隻兔子撞到樹幹死了，他就相信明天、後天還會有兔子來撞樹，聽起來很好笑，但卻是很多人不自覺的盲點。大企業會衰敗，常常都是相信自己的成功法則可以不斷複製，而忽略時移勢易，人事不斷變化，眼前花團錦簇，哪知明日已黃花。而一些股票分析師，喜歡鑑往知來，好像今天的走勢一定要複製以前的走勢，也讓人啼笑皆非，除了時空不同之外，競爭場上雙方精銳盡出，用盡心思，都在研究你的招數，你怎麼會認為用過的招數敵人還會買單呢？

度數是指量測長短、輕重、大小的準則，這是量化的工具，但人是活的，身高體重可以量化，吃幾碗飯可以量化，但思想情感就很難量化了，當年趙國國君就是以「廉頗老矣，尚能飯否」作為測試廉頗還能不能擔當重任的指標，但是廉頗的經驗、能力與意志力卻沒辦法用這種方式測出來，以飯取人，失之廉頗，這是不當的測試方式。現代各行各業的評鑑，重視量化指標，不但測不出真正的實力，更把人的創造力、想像力弄得奄奄一息，這種做法，在兩千年前孫子就唾棄了，現在卻還被眾人當寶，真是匪夷所思。

## ❖五種間諜，讓人無所遁形

態度確立之後，就可以進行「先知」的工作了，知敵情，可以用遠近來分，遠的用間諜，近的用觀察，觀察是戰場上常用的方法，孫子在〈行軍篇〉提到三十二種相敵法，可以透過觀察敵人的佈局、行動，分析其背後的想法，做為行動的參考依據，這是將軍臨場的判斷。而間諜的應用，則是深入敵境，更深入、更全面地蒐集敵人的資訊，這是長期的工作，而且需要更精密的設計運作，孫子把間諜分為五種：

故用間有五：有因間，有內間，有反間，有死間，有生間。五間俱起，莫知其道，是謂神紀，人君之寶也。因間者，因其鄉人而用之；內間者，因其官人而用之；反間者，因其敵間而用之；死間者，為誑事於外，令吾間知之，而傳於敵間也；生間者，反報也。

## 因間

因間就是鄉間，是利用敵國的在地人為間諜，在地人對於當地的環境、風土民情最為熟悉，平常我們的理解可能只是紙上談兵，沒有注意到細節、關鍵點，但魔鬼都藏在細節中，有了鄉民的引導，眼睛就明亮了，不會踩到地雷了，還有借鄉人的協助可以知道哪些是有影響力的人，甚至可以透過鄉民的穿針引線，認識人脈。

我們出國旅遊，如果有在地朋友當導遊，就可以看到平常旅遊書籍看不到的景點，吃不到的美味，甚至更深一層的文化接觸與理解。用在商場，生意人如果能透過在地人的推薦，更容易知道哪個地方適合做什麼行業，當地人喜歡什麼樣的產品？缺少什麼？有什麼禁忌？甚至是未來的開發計畫，都可以事先得知。

## 內間

內間就是利用敵國的官吏為間諜，照杜牧的說法，可以利用當內間的人，大概可以分成七類：賢能但是失去職位的人，曾經犯錯被處刑的人，被寵幸又貪財的人，對自己職位不滿意的人，長期鬱鬱不得志的人，希望國家出現狀況他才能展現才華的人，反覆無常、首鼠兩端的人，這七種人就是內間最好的人選。

這七種中，被寵幸又貪財的人被當成內間的案例特別多，因為他們就在決策者的身邊，對決策者可以馬上產生影響力，陳平解劉邦白登之圍，就是買通冒頓單于的夫人，由枕邊細語來執行戰場任務；秦將白起就是買通趙國丞相郭開，換掉廉頗，以趙括代替，才有長平之戰的勝利；越王勾踐賄賂吳王夫差身邊的紅人太宰嚭，讓伍子胥失寵，最後賜死，太宰嚭協助越王一點一滴地麻痺吳王，最後復國成功。

## 反間

反間就是誘使敵方的間諜為我所用。

楚漢相爭，劉邦為了離間項羽與鍾離昧、亞父范增的感情，首先給陳平四萬斤黃金，買通項羽的手下，到處散播謠言，說鍾離昧聯合范增要對付項羽。項羽個性本就猜忌，雖然不是完全相信這些謠言，但是心裡總是不太踏實。接著陳平再出狠招，利用項羽的使者，演了一齣「反間」大戲，剛開始，他奉項羽使者如上賓，端上上等酒菜，卻在席間故意問使者，亞父范增近況如何？項羽使者表明他不是亞父的使者，是代表項羽來的，陳平故作驚訝狀，馬上撤離上等酒菜，換上普通菜餚，降低招待規格，項羽使者遭受如此對待，氣沖沖地回去，一五一十地報告給項羽知道，項羽連結之前的謠言，馬上與范增疏離，范增知道大勢已去，就請求辭官歸鄉，不幸在途中生病過世了。從此項羽孤軍奮戰，每下愈況，最後兵敗垓下。劉邦、陳平使用的反間計，達到了扭轉局勢的作用。

另一個例子發生在三國，曹操派蔣幹到東吳勸降周瑜，周瑜故意留蔣幹同床共眠，並故意留書一封於桌上，讓蔣幹偷走，此封書信是周瑜假借蔡瑁、張允兩位曹操的水軍都督寫的，內容是他們兩位擇日要殺曹操來投降東吳。蔣幹不知是計，高興地趕回曹營，呈給曹操，曹操一怒之下，也沒有多想，就殺了兩位最好的水軍都督。事後雖意識到中計，但悔之晚矣。這件事對即將到來的赤壁之戰，產生了關鍵性的影響。

## 死間

死間是放假消息給敵人的人，因為是假消息，所以一定會造成敵人很大的傷害，也因此常常會激怒敵人而被殺，所以叫死間，但死間往往不知道他傳遞的是假訊息，為什麼不讓死間知道呢？除了保密之外，主要是堅定死間的意志。因為死間表現的真，才會讓對方信以為真，而且也可以防範死間在受到嚴厲拷問之下，因為意志不堅，而和盤托出。說真的，這種間諜最為悲壯，最讓人不捨。

楚漢相爭，劉邦派謀士酈食其到齊國勸降，酈食其來到齊國後，對齊王田廣是恐嚇加利誘，並大肆宣揚劉邦還定三秦以來所取得的勝利，舉出魏王豹、趙王歇以及陳餘、夏說等人的下場和燕國投降的先例，詳盡地分析了天下的形勢，並向田廣保證劉邦一定能打敗項羽，取得最後勝利，誰先投降就能保住自己的國家，誰不投降就會立刻招致滅亡的命運，唬得田廣一愣一愣，最後答應投降。但田廣也警告酈食其，如果他所言不實，就會烹煮他做為報復，酈食其再三保證，決不食言。有了這個約定，於是兩人每天把酒言歡，把戰事忘得一乾二淨。但是前面握手，後面下毒手，劉邦可沒閒著，在同一個時間派韓信攻打齊國，這讓韓信很疑惑，不知道劉邦葫蘆裡賣什麼膏藥？看到酈食其已勸降齊國，本想停止進攻，但是軍師蒯通告訴他說，劉邦派你攻齊，到現在也還沒有撤回他的命令，你怎麼可以私下決定停止攻齊呢？韓信只得繼續前進，最後大敗齊軍，田廣感覺受騙，盛怒之下，真的烹煮了酈食其，可憐的酈食其，大概到死都不知道他是怎麼死的。

劉邦以酈食其為死間，劉邦沒說，大家只是猜測，但是從事實發生來看，酈食其做的事情，就是死間，這齣戲本就是劉邦編劇兼導演，酈食其和韓信只是幫他完成這齣戲的演員而已。

## 生間

生間就是派出去蒐集資料，能活著回報的間諜。以現代來看，舉凡穿梭在各國間的訪問團、學術討論會、交流、參觀訓練，都可以是一種生間。

生間要有能力，才能得到正確而深入的資料，否則在敵我雙方虛虛實實的環境中，很可能受騙，帶回來一些錯誤的信息，不但不能用，反而讓將軍做出錯誤的判斷，而打敗仗。

漢高祖劉邦想要攻打匈奴，派人多次前往打探，匈奴故意把壯士和駿馬都藏起來，儘管劉邦多次派人偵查，回報都一樣，認為匈奴虛弱可擊。劉邦最後派劉敬出馬，再做最後一次確認，沒想到劉敬回報的答案卻跟前面的幾次不同，他說：「兩國交兵，應該會炫耀自己的長處來嚇唬敵人才對，可是我去那裡，只看到瘦弱的牲畜和老弱殘兵，這一定是敵人故意暴露自己的短處，來引誘我們上當的把戲，我認為匈奴不能打。」但劉邦心裡已有定見，聽不進去反面意見，反而大罵劉敬長他人志氣，滅自己威風，氣得把他關了起來，親自率領大軍就去攻打匈奴了，果然中了匈奴的計，被圍困在白登城，幸好用了陳平奇計，才得脫困。回來第一件事就是馬上放了劉敬，跟他說對不起，還封了官，添了俸祿。

孫子說：「五間俱起，莫知其道，是謂神紀，人君之寶也。」五間就像五連環，神鬼莫測，讓敵人像個透明人，無所遁形，就像孫悟空逃不出如來佛的手掌心一樣，那是一種無力感、窒息感，所以五間的價值，不要只看到蒐集資料這個層次，更重要的是他對戰事的發展所產生的連鎖效應，所以孫子稱讚這種神妙操作，是國君獲勝的重要法寶。

## ❖用間的條件

間諜肩負重責大任，所以必須是非常傑出的人才能出任，孫子說：「故惟明君賢將，能以上智為間者，必成大功。」孫子認為商朝能擊敗夏朝，就是因為有像伊尹這麼傑出的人士在夏當間諜，周朝會起來，就是有姜太公在商朝為間。間諜要傑出，那使用間諜的人就更不用說了，孫子說：「非聖智不能用間，非仁義不能使間，非微妙不能得間之實。」孫子再度用三個否定辭，來強化他的重視，孫子說用間的人沒有聖人智者的修養，不能用間，沒有仁愛正義的情懷，不能叫得動間諜，沒有見微知著的能力，不能得到正確的資訊。聖智強調的是有開闊的格局與智慧，見識高遠，能看到局勢的發展，引導正確的方向，所以能得到間諜的信服；仁義是有大愛，公正客觀，溫暖的心能融化間諜，願意為他效命；微妙是能明察秋毫，見微知著，在虛虛實實的資訊中，看到可用的資料。

除了個人的條件外，對於用間還必須注意三點，孫子說：「故三軍之事，莫親於間，賞莫厚於間，事莫密於間。」情感必須最親，待遇必須最好，而且要絕對地保守祕密，孫子又連續用了三個否定辭「莫」字，就是強調非遵守不可的戒律，只有這樣，才能把間諜的工作做到最好。人與人之間是相對的，孟子就告訴齊宣王：「君之視臣如手足，則臣視君如腹心；君之視臣如犬馬，則臣視君如國人；君之視臣如土芥，則臣視君如寇讎。」投桃報李，國君把臣子當手足，則臣子就會推心置腹，國君把臣子當狗、當馬來使用，臣子就把你當路人，國君把臣子當泥土、小草般踐踏，則臣子就會把你當仇人看了。孫子深懂人與人之間的相處，也深知對一個傑出的間諜一定要視如親人，才能得到間諜的信任。而賞賜豐厚是排除間諜後顧之憂，也是對間諜能力的肯定，這一定不能小氣，蚯蚓只能釣溪哥，不能釣大白鯊。祕密是戰場上的一把鎖，鎖不住，敵人一覽無遺，仗也不用打了，只要消息一走漏，一切都見光死，所以祕密是絕對不能打折的，孫子說：「間事未發而先聞者，間與所告者皆死。」其嚴厲可見一斑。

## ❖沒有1，後面的0都沒有意義

孫子用兵貴在「先勝而後求戰」，要先勝就要能先知，先知敵情是一切行動的基礎，因為敵人也在用同樣的方式探知我們，所以爾虞我詐，假資訊滿天飛，為了獲取正確資訊，孫子可說佈下天羅地網，特闢〈用間篇〉來談先知，從先知的重要性，談到先知的正確態度，到五種間諜的使用，到運用間諜必須有的條件，完整論述了先知的所有環節，就是希望不要出差錯，在大數據當道的今天，其觀念還是非常時髦，一點都不落伍，尤其在重視人的理性、修養和待人應該有的胸襟氣度，都還閃爍著耀眼的光輝。

孫子把〈用間篇〉放在最後，和第一篇〈計篇〉前後呼應，用心良苦，前十二篇在第一篇〈計篇〉的引導之下，完成作戰任務，戰爭勝利的法門也一一呈現在大家眼前，不看最後一篇，大家都認為這已是一本完美的兵法聖典。但當你讀到最後一篇，才猛然驚覺，我們是否漏掉了什麼？原來從計畫開始，到展開戰爭，都以知敵為前提，少了這道手續，前面所有的作戰計畫，都是盲人騎瞎馬，就像蓋在沙地上的大樓，蓋得再漂亮，恐怕隨時都有可能崩塌。現代人談健康的重要性，喜歡用1來比喻，其他的成就都是0，如果沒有健康的1在前面，後面所有的0都失去意義，孫子的〈用間篇〉就是健康的1，其他十二篇就是所有戰爭勝利相關的0，這樣的組合，才能完成一部完美無缺的戰爭寶典。

## 二　現形：想辦法讓對手動起來吧！因為動比靜的訊息多

日本大導演黑澤明的電影《羅生門》，敘述一名武士和妻子在旅途中遇到強盜，武士妻被強佔，武士被殺的故事，電影透過法官問案來釐清案情，但是包括死去的武士（找女巫代為發聲）、強盜、武士妻三個人的供詞都與事實不符，武士為了個人尊嚴，武士妻為了個人貞節，強盜為了表示自己的勇敢，三個人都各自編了一套劇情，來滿足自己的形象，而唯一目擊者樵夫，也因為偷了武士的短劍，不敢說出實情，以致整個案情撲朔迷離，無法找出真相。

理論上說，有形就有破解之道，孫臏說：「有名之徒，莫不可勝。」意思是只要叫得出名字的事物就有破解之道，但是人性的弱點遮掩了真相，才會有《羅生門》的情況發生。戰場上，不允許《羅生門》，不管敵人設下多少的迷障，想要欺騙你，誤導你，你都要想辦法掀開迷障，讓敵人現出原形。

只要敵人現出原形，曹操說：「形露必敗。」我就可以創造以眾擊寡的機會。孫子說：「故形人而我無形，則我專而敵分。我專為一，敵分為十，是以十攻其一也。」讓對手現形，自己無形，對手會因為不清楚我的情況，必須把兵力分散防守，這就會造成備多力分的情形，而我因為清楚敵人的真實情況，就可以集中火力，個個擊破。

如何讓敵人現形？孫子提出四種方法：「故策之而知得失之計，作之而知動靜之理，形之而知死生之地，角之而知有餘不足之處。」（〈虛實篇〉）

## ❖策之：將心比心

「策之而知得失之計」，「策」就是分析判斷敵人的各種可能的想法，也就是除了外在的有形條件之外，還要把藏在心裡的無形條件也暴露出來，內心的想法很難以客觀條件了解，這時候就要運用「將心比心法」了，所謂英雄所見略同，了解我會怎麼做，就也可以了解對手會怎麼做了。

周瑜、孔明在赤壁之戰中，既是同盟關係，也是競爭關係。對於怎麼打赤壁之戰，《三國演義》安排周瑜、孔明都不約而同地想到用「火」攻，《三國志平話》不是這樣說：赤壁決戰前，周瑜要部將把想到的破敵對策寫在掌心，每個人都寫了「火」字，頗有英雄所見略同的味道，偏偏諸葛亮和大家不一樣，他不寫「火」，卻寫了個「風」字。如果只有周瑜和孔明寫「火」，其他人不知道，那就是英雄所見略同，如果一群阿貓阿狗都知道要寫「火」，那就是平常之見了，就是孫子說的「見勝不過眾人之所知，非善之善者也」，所以《三國演義》只安排周瑜和孔明兩個人寫「火」字在手掌心，就是要凸顯兩位英雄所見略同，而《三國志平話》故意安排一群人寫「火」，只有孔明寫「風」，就是要凸顯孔明的能見人所未見的特殊能力。

孫臏鬥龐涓，也是歷史好戲，但龐涓總是略遜一籌，主要的關鍵是孫臏知道龐涓的心裡想什麼，而龐涓卻猜不透孫臏的心。

桂陵一戰，孫臏以「圍魏救趙」的戰術，大敗龐涓，但魏國國力強大，沒多久，又出兵攻韓，韓求救於齊，孫臏這一次先採取拖延戰術，也就是先答應救韓，安撫韓國，但不馬上出兵，讓韓國擋一陣子，以消耗魏軍的力量。然後仿效之前救趙的策略，「攻其必救」，直攻魏國國都，龐涓不敢大意，趕緊率十萬大軍回防。但孫臏這回加料，他知道魏軍性格強悍，瞧不起齊國，認為齊國人貪生怕死，所以他將計就計，「因勢利導」，用「減竈法」來騙龐涓，命令士兵第一天造十萬人吃飯的鍋灶，第二天減為五萬，第三天則只剩下二萬。龐涓看到這個現象，心中大喜，強化了他原先的認知，齊國士兵果然貪生怕死，已跑掉大半了。龐涓不知是計，於是放棄重兵，帶著輕車銳騎，日夜兼程追趕齊軍。

孫臏計算行程，判斷龐涓會在日落時趕到馬陵，於是設下埋伏，一舉擊敗魏軍，龐涓上當，無地自容，只能羞愧自殺了，死前還不忘留下一句酸語：「遂成豎子之名！」頗似項羽死前的那一句話：「此天亡我，非戰之罪也。」一代梟雄不能笑到最後，往往都是不知道自己的問題在哪裡！

將心比心，是將領的直覺判斷，直覺判斷就是經驗的累積與人情世故的洞察，這種料敵法靠內省工夫，看似唯心不可靠，但往往是最精準的一種策略。孫子放在第一項，不是沒有道理。

## ❖作之：投石問路

「作之而知動靜之理」，此計就是「投石問路法」，想要讓敵人現形，最好的方法就是讓敵人動起來，動比靜所呈現的資料更多，心理諮商就是用這種方法，讓被輔導者開口，只要被輔導者願意開口，就容易找到問題，找到問題，答案也就呼之欲出了。爬山的人會帶一把登山杖，除了支撐平衡功能外，就是要打草驚蛇，讓蛇現形。

東漢末年，謀士徐庶想尋求報效的主人，聽聞劉備是一位品德高尚的賢人，很想投靠他，又不確定劉備人品是否真如傳聞，於是決定當面試探。一日，劉備很專心地欣賞自己的愛馬，徐庶趨前恭敬地對劉備說：「我學過一點相馬術，可否讓我看看你這匹馬？」劉備欣然答應。徐庶巡視了一番說：「我看這匹馬，雖是一匹千里好馬，但卻是會傷人的，我建議你先送給你最恨的人，等到傷他之後你再騎牠，就不會有事了。」劉備一聽，忿忿地說：「我希望先生能告訴我治國平天下的大道理，沒想到卻是叫我傷人，這我可不敢領教！」徐庶一聽，連忙賠不是，並說出只是想要測試劉備的為人，希望不要見怪，劉備沒有在意，馬上要徐庶幫忙，可惜徐庶最後被曹操設計回鄉，不能輔佐劉備，但是因為佩服劉備為人，所以推薦臥龍先生給劉備，成就了三國鼎足的局勢。

政治人物推出一個新政策，為了萬無一失，也會丟出風向球，看人民的反應再作定奪。公司新進員工，也會有試用期，就是希望在這段時間裡面，透過相處作更深入的了解。做生意也是如此，一個新產品在還沒有獲得消費者認同之前，不會大量生產。商場競爭採用投石問路法，很多都是針對競爭者，透過測試就可以擬定因應的策略，但一個傑出的企業會把重點放在消費者，貝佐斯就說過：「給我們錢的是消費者，不是競爭者，所以當然要把顧客放在第一位，顧客能不能接受，才是我們要考量的。」政治人物如果每天在測試對手，而不是針對人民的需求，恐怕贏了對手，卻失去民心，最後還是會一場空。

## ❖形之：誘敵現形

「形之而知死生之地」，「形之」是故意擺出一個陣形，來引誘敵人現出原形，以知敵人的現在處境。

戰國時期，齊國孟嘗君被齊王解除丞相職位，一下子失去了政治的舞臺，其門下客馮諼為了替他的主子扳回這個劣勢，先跑到秦國，利用其三寸不爛之舌，大力吹噓孟嘗君的能力與價值，希望秦襄王聘用他。再回到齊國見齊王，提醒齊王，如果孟嘗君被秦王所用，將會造成齊國嚴重的傷害，希望齊王能三思。最後齊王接受了馮諼的意見，重新恢復孟嘗君的丞相職位。

馮諼巧妙地利用一個假議題，測出齊王不能沒有孟嘗君的處境，這是齊王的罩門，馮諼這一計讓齊王現形，讓孟嘗君死裡逃生。

王永慶是公認的經營之神，其成功之道不勝枚舉，有一次，一位司機即將退休，王永慶問他說：「你退休之後有什麼打算？」那位司機說：「我只會開車，所以應該會去開計程車吧！」王永慶嘆口氣說：「你幫我開了一輩子的車，退休之後還要再開車，太辛苦了！今天開始，台塑的掃地用具委託你經營。」於是幫助這位員工改善了生活，也創造了有品質的後半生。

老闆平時關心員工，噓寒問暖就是企業家的「形之」方法，透過交談就可以了解員工的生活處境，適時給予協助。

## ❖角之：親臨現場

「角之而知有餘不足之處」，「角」就是角力，打一場熱身賽，測試一下對手的實力，包括其組織佈局、領導指揮能力，士兵的訓練等等，還有對我的認知程度。

劉備欲報關羽被殺之仇，帶兵伐吳，領兵對抗的東吳大將陸遜，先派五千士兵攻擊，結果大敗而回，眾將都說何必如此損兵折將，陸遜說：「有了這一次的進攻，讓我看出劉備的佈署和作戰方法，我已經知道破敵的方法了。」後來陸遜用火攻，果然大敗蜀軍。

一個球員，會在最關鍵的比賽之前，透過不同的小比賽來磨練自己的能力，也順便測試對手的實力；考生會在正式進考場之前，透過不斷的模擬考，來測試我與對手的差距。

電影《鐵達尼號》（*Titanic*）中有一幕小細節很有啟發性，男主角被銬在船艙下面，眼看水已淹進來，命在旦夕，女主角適時趕來救援，但找不到鑰匙，只能拿起消防用的斧頭要把手銬砍斷，在緊急的情況下，男主角沒有失去理性，他叫女主角先在旁邊試砍一次，保證力道和精準度之後，才動手砍自己的手銬，這一幕臨危不亂的測試，讓人激賞。

「策之」的將心比心，是從人性的共通點入手，了解自己，就能了解別人，這給我們一個啟示，平常要多花心思在自己的涵養上面，不是每天只會往外看，在意別人而忽略自己。「作之」的投石問路法，是強調動比靜的訊息多，盡量想辦法讓敵人動起來；「形之」是想辦法了解敵人的現況，要確定對手的處境，包括對手現在的所在地的好壞，和對手現在面臨的問題；最後的「角之」是提醒真正的了解不是用猜測的，只有親臨現場，才能真正地了解真相，生命的學問就是實踐的學問，這是「角之」的精神所在。

**兵法快遞**

鏡子沾滿了灰塵，就照不出本來面貌。

# 三　虛實：勝利的法門就是了解對手虛實，然後避實擊虛

大草原上，花豹正準備對羚羊下手，但牠不急，牠躲在樹蔭後面，等待羚羊吃飽了跑不動的時候，本來這時候下手勝算就很高了，但是花豹並不滿足於這樣的時機下手，牠會再等待，等到羚羊吃飽要排泄的時候才下手，這時候的羚羊會陷入一個進退不得的困境，要跑的話，恐怕腸胃不能承受，不跑，就等著當花豹的大餐了，所以跑不跑，都難逃花豹的魔掌，花豹等的是一個萬無一失的機會。

花豹的手段，就是「避實擊虛」，戰場上敵人要攻擊你，手段一樣，絕不亞於花豹，一定會等到一個最好的時機下手。所以孫子說：「夫兵形象水，水之形，避高而趨下，兵之形，避實而擊虛。」戰爭就像水一樣，水會避高趨下，戰爭也要避實擊虛。

## ❖ 什麼叫虛實？

「避實擊虛」最容易得手，代價最小，是戰場的基本法則，但是要運用自如，必須先

了解虛實。

唐太宗有一次對大將軍李靖說：「我看《孫子兵法》十三篇不出『虛實』兩個字，將軍用兵，只要了解虛實的形勢，就一定會獲勝。現在我們的這些將軍們都會說作戰要『避實擊虛』，但是等到上戰場，卻不知道什麼叫虛實，所以常常被敵人牽著鼻子走，你是不是要教教他們識虛實的要領？」李靖說：「要了解虛實，要先學會奇正相生之術，如果他們不知道戰場上常常會以奇為正，以正為奇，那他們怎麼會知道虛可能是實，實可能是虛呢？」

唐太宗認為要懂「避實擊虛」要先懂虛實，李靖接著談要懂虛實，要先學奇正之術，這個邏輯是對的，虛實本是兩個簡單的概念，虛就是弱，實就是強，本來虛就表現虛，實就表現實，但經過人為的操作，就不一定了，所以李靖才會說要先知道戰場上敵人怎麼運用奇正相生的方式，才能分辨出真正的虛實。只有拆穿這個假象，你才能看到真相，才能實行「避實擊虛」的戰術，否則就會做出錯誤的判斷。假設羚羊也會跟人一樣，製造吃飽和想要排泄的假象，那麼花豹看到羚羊的行為可能就不是真的，那麼他的「避實擊虛」戰術可能就會失準，不能得逞。

所以要實施「避實擊虛」的戰術，必須先拆穿戰場上虛實的迷霧，戰場上的虛實迷霧如何拆穿？必須先了解戰場上虛實的變化。

就如同《周易》的「太極生兩儀，兩儀生四象」一樣，虛實也可以組合成四種關係，就是「實而實之，實而虛之，虛而虛之，虛而實之」，前面的虛、實是本來面目，後面的實之、虛之是人為的操作。

「實而實之」就是本質是實，表現出來也是實；「實而虛之」就是本質是實，卻以虛的方式表現；「虛而虛之」就是本質是虛，表現也是虛；「虛而實之」就是本質是虛，卻以實來表現。這四種現象，其實在大自然當中就存在著，動物、植物也會主動操作虛實。

「實而實之」和「虛而虛之」是現象與本質一致，譬如「月暈而風，礎潤而雨」，「履霜堅冰至」，我們只要透過現象就可以直接了解本質，不需要拐彎抹角。

「實而虛之」和「虛而實之」是表裡不一致，但這又分兩種，一是雖然看起來不一致，但其實是一致，譬如我們喜歡用月亮的陰晴圓缺來比喻人生的禍福，但你看到殘缺的月亮，本質卻是一顆完整的月亮，只是你被外表迷惑了。有些人也會像月亮一樣，表現出「大智若愚」的樣子，外表看起來不起眼，但卻是一個能照察萬物真相，能虛納萬物，包容更大的可能性的人，一點都不愚笨。

另一種是真的表裡不一，也就是擬態、偽裝，大自然萬物不論是弱者或強者都有擬態的情況，弱者怕被消滅，所以需要擬態來保護自己，強者為了順利要到想要的東西，也會擬態，讓獵物失去戒心。

大自然的虛虛實實創造了五彩繽紛的大千世界，放到戰場上來，這種虛虛實實的樣貌就更豐富了，因為人是會思考的動物，把一個本就虛實變幻的世界弄得更加詼詭譎怪，變化多端，讓人眼花撩亂。

## ❖虛實十六式

如果把大自然這四種組合關係加上戰場上的「敵、我」兩個元素，就會產生二的四次方，也就是十六種組合，即「我實而我實之，我實而我虛之，我虛而我虛之，我虛而我實之」，「敵實而敵實之，敵實而敵虛之，敵虛而敵虛之，敵虛而敵實之」，「我實而敵實之，我實而敵虛之，我虛而敵虛之，我虛而敵實之」，「敵實我實之，敵實我虛之，敵虛我虛之，敵虛我實之」，形成了戰場虛實十六種樣貌，這就是整個戰場上可能出現的虛實樣貌，也就是我們說的虛實的迷霧，拆穿了就是這十六種。

這十六種變化，有八種由我來決定，八種由對手決定，因為高手過招，此心同，此理同，所以可以透過「將心比心」的原理來推測敵人的想法，只要充分地了解我能決定的八種，其他敵人作主的八種就可以一併了解了。也就是我只要了解「我實而我實之，我實而我虛之，我虛而我虛之，我虛而我實之」和「敵實我實之，敵實我虛之，敵虛我虛之，敵虛我實之」就可以了，而另外八種：「敵實而敵實之，敵實而敵虛之，敵虛而敵虛之，敵虛而敵實之」和「我實而敵實之，我實而敵虛之，我虛而敵虛之，我虛而敵實之」反推就可以了。

以下就以「我能作主」的八種形態作一說明。

### 我實而我實之

我有實力，也以真刀實槍和對手較量，這是競爭的基本形態，也是最可靠的方式，這句話的精神就是強調實力第一，很多人迷信捷徑、祕笈，卻不肯下苦功，以為這樣就可以打通關，無往不利，忽略了競爭場上實力優先的現實。考場上、職場上不管有多少的技巧，如果沒有實力，也是無濟於事，就像打籃球快攻上籃，騙過對方的封阻，卻投不進一樣。

### 我實而我虛之

我有實力，但我故意不讓敵人知道我的實力，這種做法是為了避免硬碰硬，和降低敵人的戒心。子貢曾經為了齊國攻打魯國，跑到吳國請求吳王救魯，但是吳王擔心在他攻齊救魯期間，越王勾踐趁虛而入，所以想要先處理越國之後再攻齊。子貢怕夜長夢多，就跟吳王說：「我可以想辦法讓越王配合，而不會有後患。」吳王應允。子貢來到越國，劈頭就對越王勾踐提出三點警告，他說：「沒有報仇的心，卻讓敵人以為你有，這是最愚笨的行為；有報仇的心，卻不知隱藏，讓敵人看穿你的企圖，這是最危險的行為；有報仇的心，但還沒有付諸行動，就洩漏了機密，讓敵人早做防備，這就危在旦夕了，你想要成就大事業，卻犯了這三項錯誤，已經被吳王盯上了，情況非常危急。」這段話把越王勾踐嚇得趕快依子貢的建議歸順吳國，才免除了這場災難。

## 我虛而我虛之

我虛，本來不應該出戰，但是形勢的演變有時候事出突然，也必須硬著頭皮應戰，這時候我拿不出實力的排場，也只能用虛的方式表現，但雖然以虛應戰，並不是消極的不作為，而是更積極的面對，也就是要想辦法利用其他的條件做掩護，讓敵人把我的虛當實，而不敢攻擊我。孔明的「空城計」就是一個例子，司馬懿攻過來了，士兵都不在城裡，城裡只剩兩千多個人，虛到不行，這時候要擺出有本事的場面也不可能，孔明乾脆虛到底，大開城門，指派老弱婦孺打掃庭除，並且一不做二不休，再擺一張琴在城頭，瀟灑彈琴，一副家居生活，悠閒自在，孔明敢這樣做，就是利用司馬懿知道他平生為人謹慎，不會弄險的特點做掩護，這招果然奏效，搞得司馬懿丈二金剛摸不著頭，猜不出真假虛實，保險起見，最後只能選擇撤退，這是心理戰，成功的條件，就是要真的能唬住敵軍。

## 我虛而我實之

雖然是虛，卻製造實的假象，這就是「三十六計」中「樹上開花」的策略。「樹上開花」原意是樹本無花，或不能開花，但為了讓它看起來花團錦簇，這時候就只能運用人為的力量，讓樹佈滿花朵。戰場上透過「造勢」讓自己的力量看起來更強大，以迷惑、威懾對手，藉以達到讓對手害怕，或估算不準確，進而知難而退的目的。

有一家餐飲店，剛開張時，生意不好，老闆叫外送的店員騎著摩托車，提著有店名的空箱子到處跑，製造忙碌的假象，果然收到了很好的效果，慢慢地生意就上門了。

還有一種就是透過不同的組合方式，也可以讓我雖虛而能實。齊國大將軍田忌跟齊王賽馬，本來田忌的賽馬跟齊王的賽馬不相上下，實力相差無幾，但是以上駟對上駟，中駟對中駟，下駟對下駟來比較，齊王都略勝一籌，所以每一次比賽，結局都是三比〇，齊王每次都獲勝。但是孫臏發現如果以田忌的上駟對齊王的中駟，以中駟對下駟，田忌都會贏，所以孫臏就幫田忌設計了這種賽局，雖然犧牲了下駟來對齊王的上駟，但是結局是二比一，田忌勝。

## 敵實而我實之

敵人以實力攻我，我也以實力應戰，這是實力的拚搏，更是氣勢的較量，不可示弱，氣勢要壓過對方。《史記．廉頗藺相如列傳》記載：秦國攻打趙國，趙王問廉頗和樂乘兩人如何應對？兩人都認為「道遠險狹，難救」，不同意開打，問趙奢，趙奢回答說：「其道遠險狹，譬之猶兩鼠鬥於穴中，將勇者勝。」趙奢的意思是道遠路狹這個條件是雙方共同的，就像兩隻老鼠狹路相逢，勇敢的會贏，趙王覺得有理，就派趙奢出兵，趙奢展現優異的能力，果然大破秦軍。

## 敵實而我虛之

敵實我要虛之以對，不可逞強，孫子說：「少則能逃之，不若則能避之。」留得青山在，不愁沒柴燒。又說：「故善戰者，能為不可勝，不能使敵之可勝。故曰：勝可知，而不可為。」戰場上，你有你的張良計，我有我的過牆梯，尤其對手如果也是一個高手，你還是需要給予尊重，否則越王勾踐不需要十年生聚，十年教訓了。等待並無損於主動操控戰場的霸氣，只是延後達成目標而已。

其次，我虛之，不表示我只能守，我的虛其實是一種更主動的誘敵方式，譬如「三十六計」的「調虎離山」，就是引誘敵人離開根據地，讓他變弱，我就可以攻擊了，「三十六計」最後一計「走為上計」，稱之為上計，就是說除了「留得青山在，不愁沒柴燒」的意義外，還有透過調動、誘敵的方式，改變敵人的虛實，製造攻擊的機會。

## 敵虛而我虛之

敵雖弱，我可以一擊得逞，但是能不戰就不戰，不必一定要大動干戈，這就是虛應。韓信擊敗趙國後，準備進攻下一個國家燕國，但是趙國軍師李左車勸他不必如此費勁，只要修書一封，陳述你的功績，燕國一定聞風喪膽，不費一兵一卒，就可以拿下燕國，更何況你現在兵困馬乏，打了也不一定會有好處，韓信接受他的建言，果然燕國不戰而降。

## 敵虛而我實之

敵虛我就不用客氣了，孫子說；「十則圍之，五則攻之，倍則分之，敵則能戰之。」我的實力是對手的十倍、五倍、一倍，甚至實力不相上下，都應該打，就像一個投資者，面對市場低迷時，就應該勇於進場低接，這叫「危機入市」。

## ❖虛實十六式會不斷轉換

戰場上隨時都在變，每一種形態也都隨著人、事、時、地、物的變化而改變，不可拘泥。譬如，一場棒球賽，最後一局最後一個打者，只要被打安打，這場比賽就結束了，偏偏這個時候又遇到對手最強的打者，正常狀況下，投手會投保送，再應付下一位打者，這就是「敵實我虛之」的形態運用，但是假設這時候對手是滿壘狀況，你不能再保送了，請問你不直球對決，你還有其他的方法嗎？這時候就要轉換至「敵實而我實之」的形態，所以戰場上千變萬化，十六種型態也不斷轉換。

但不管運用哪一種形態，都是為了創造「避實擊虛」的機會，「敵實我虛之」是「避實擊虛」的運用，直球對決的「敵實而我實之」也一樣是「避實擊虛」，所謂直球對決，並不是有勇無謀，還是要盡量地找出對方的弱點攻擊，想想看，一樣在這樣的緊張時刻，其實雙方都有輸不得的壓力，打者安打就可以逆轉戰局，相反地，打者被三振就會把勝利拱手讓人，所以這時候誰能夠以氣勢壓過對方，讓對方氣弱，獲勝機會就大。還有，每個人都有弱點，儘管是強棒，在直球對決中，還是可以想辦法攻擊其弱點，讓他打不好，這些想法都是圍繞在「避實擊虛」觀念下的思維。

再怎麼惡劣的條件，只要靈活運用「虛實十六式」，謹記「避實擊虛」的原則，都有機會可以獲勝。

**兵法快遞**

剝下對手迷彩的外衣，才能看到他真正的實力。

## 四 造形：最強的造形是獨一無二

有一位訓練鬥雞高手紀渻子，為周宣王訓練鬥雞，過了十天，宣王問：「鬥雞訓練好了嗎？」紀渻子回答說：「還不行，這隻雞沒本事卻又神態驕傲，憑著意氣橫衝直撞。」又過了十天，宣王再問，紀渻子回答說：「還不行，這隻雞聽到別的雞的叫聲，或看到別的雞的影子，就衝動起來，心中急著想要戰鬥。」再過十天，宣王又來問，紀渻子還是那句話：「還不行，這隻雞環視四周，反應快速，氣勢凌人。」又十天過去，宣王又來了，紀渻子說：「差不多了，他對別的雞的叫聲沒有反應了，看去像木頭雞一樣，他的內在修練已完備，其他的雞看到他，鬥都不敢鬥，夾著尾巴就逃跑了。」（《莊子．達生》）

呆若木雞的外形，讓對手看到不寒而慄，不戰而走，直接投降，這是形的最高境界，而這種外形是經過千錘百鍊之後才能得到的。

## ❖ 造形高手的祕技

孫子談造形，就是希望能創造一個讓敵人不戰而走的形，他說：「故勝兵若以鎰稱銖，敗兵若以銖稱鎰。勝者之戰民也，若決積水於千仞之谿者，形也。」（〈形篇〉）孫子說最好的勝利之形，就像拿鎰和銖比較，鎰和銖是重量單位，兩者比例是576：1，這就是以石擊卵的絕對優勢，孫子說：「保證必勝的形，就像決開積在千仞高山上的水，沖刷而下，造成強大的衝擊力和氣勢。」很生動而且形象化地描述了勝利之形的特質。

戰場上的形主要表現在敵我雙方攻守的佈陣，和對戰場地形的搭配兩個方面。在攻守方面，孫子說：「善守者，藏於九地之下；善攻者，動於九天之上，故能自保而全勝也。」擅長守備的人，強調隱密性，所以要像藏在地底下，讓敵人找不到。擅長攻擊的人，就要製造氣勢，讓敵人聞風喪膽，就像天兵天將從天而降，攻守做到這個境界，就能自保而全勝。

其次，戰場上的形是將領的戰術與客觀環境的配合，孫子說：「兵法：一曰度，二曰量，三曰數，四曰稱，五曰勝。地生度，度生量，量生數，數生稱，稱生勝。」戰場上的造形，必須先了解地的大小、特性，才能知道要準備多少武器糧草和投入的人數，主客觀的條件都能搭配得剛剛好，就能發揮最大的力量，孫子把這種完美的搭配叫「稱」，「稱」是剛剛好，達到這種境界，就能獲勝。

戰場上的形，不論是攻守還是和地形的配合，都會出現兩種形態，就是「有形」和「無形」。杜牧說：「無形則情密，有形則情疏。」無形比較隱密，敵人猜不透，有形表現出來，就容易被識破。但這只是基本概念，戰場上的形千變萬化，有形可能是敵人的欺敵之形，所以雖有實無；無形也可能是敵人故佈疑陣，所以雖無實有。而且有形和無形可以相互為用，就像一幅畫的留白和實體之間產生虛實相互輝映的美感，創造出更多的變化，讓戰場上的形如魔術般不可捉摸。

完美的形是具備絕對勝算的形，透過有形與無形的運用，在戰場上表現出具有主動性的攻守，和戰場地形充分配合的戰術。孫子是造形高手，為了達到這個完美的勝利之形，必須像訓練鬥雞高手紀渻子一樣，有一個修練的過程，孫子提出三個條件，就是先勝、見勝和易勝。先勝是以實力獲勝，見勝是走一條敵人想不到的路獲勝，易勝是用最省力的方式獲勝，這是勝利之形主要的修練法門。

## 先勝：以實力獲勝

戰爭不可逆，孫子說：「怒可以復喜，慍可以復悅，亡國不可以復存，死者不可以復生。」所以沒有失敗的本錢，也不能用賭的方式來玩，必須確定我有實力可以獲勝，才能出兵。所以孫子斬釘截鐵地說：「善戰者，立於不敗之地，而不失敵之敗也。是故勝兵先勝而後求戰，敗兵先戰而後求勝。」獲勝的軍隊一定是先確定能獲勝而後求戰，而不是不管會不會獲勝，先打再說。要能先勝，就必須具備兩個條件，一是「不敗」，一是「不失敵之敗」。

什麼叫「不敗」？

股神巴菲特曾說：「投資的第一法則，就是不要賠錢，第二法則是不要忘記第一法則。」永遠記得投資不要賠錢，不賠錢就是不敗。但怎樣可以做到不賠錢呢？他的「價值投資法」為人稱道，也就是買股票要根據公司的價值來投資，當股價超出其價值時就要賣出，反之就要買進。但是很多人依照這個理論操作，卻不見得會賺錢，因為忽略了人是情緒的動物，常常做出非理性的行為，那個在股票市場輸到脫褲子的大科學家牛頓，就曾感慨地說：「我可以了解宇宙的規律，但我不能了解人性的瘋狂。」所以市場上的股價往往不是剛好符合它的實際價值，不是比價值高就是比價值低，所以當你認為已經買在比價值低的價格時，有可能股價還會繼續跌，賣在超出價值的價格，但股票還繼續漲，這就是投資的盲點，但股神巴菲特為什麼可以不會受這個盲點影響呢？因為他有配套，他背後有源源不絕的資金挹注，所以當股價繼續跌時，他就繼續買，這是大家沒有注意到的地方，也是很多散戶做不到的地方。這就像一支籃球隊會贏的關鍵常常不是在先發球員，而是在板凳的深度。一個拳擊手，挨了幾拳還撐得住，才能成為真正的選手，所以說能應付正常狀況，也能應付突發狀況，這才可以叫「不敗」。

但是，「不敗」不等於「勝」，「東方不敗」跟「東方勝」意思不一樣，因為敵人可能跟你實力相當，此時你最好的狀況就是跟敵人打成和局，雖然不敗，但並沒有勝。那怎麼做到先勝呢？孫子說：「在不敗的先決條件下，還要不失敵之敗。」也就是等待敵人出現可以攻擊的信號，然後行動。

孫子說：「昔之善戰者，先為不可勝，以待敵之可勝。」這個「待」字很重要，等待就是時機不成熟，等待就像開車碰到紅燈，你非停下來不可，越王勾踐為什麼要忍氣吞聲二十年，因為他的對手吳王一直亮紅燈，一直不給他踩油門的機會。

「不失敵之敗」，「不失」就是時機成熟了，要馬上行動。綠燈亮了，就要趕快踩油門，這就是「不失敵之敗」，越王勾踐十年生聚，十年教訓，終於等到吳王亮出綠燈了，范蠡說：「抓住千載難逢的時機就像救火一樣緊急，就像追逃亡的人，不能慢條斯理，儘管因為急著要處理而摔跤也在所不惜。」

「不敗」加上「不失敵之敗」，就確定可以先勝了。

## 見勝：以獨創獲勝

見勝不過眾人之所知，非善之善者也。戰勝而天下曰善，非善之善者也。故舉秋毫不為多力，見日月不為明目，聞雷霆不為聰耳。

孫子說：「如果你所看到勝利的方法跟一般人一樣，那就不高明了，戰勝了，大家都知道你是怎麼勝的，那也不是最頂尖的人才。所以能拿起一根小鳥秋天長出來的羽毛，不能說你是大力士，能看見太陽跟月亮，不能說你是千里眼，能聽到打雷的聲音，不能說你是順風耳。」

我們常說的80／20法則，百分之八十的人常常是輸家，百分之二十的人常常創造出百分之八十的財富。因為能見人所未見的人還是佔少數，如果我們不能勇敢地活出自己，老是受制於既定的觀念，只會跟隨別人的腳步，當然也就只能永遠當那一群百分之八十的輸家。

一九九四年，貝佐斯在互聯網上看到：每年互聯網使用人數以百分之兩千三百的速度成長。看到這個數字後，貝佐斯眼中放出光芒，好像看到了一幅未來的網路圖像，他沒有猶豫，馬上辭去副總裁職務，在家裡車庫開啟他的亞馬遜時代。

貝佐斯的成功，很多人羨慕，也會問：他是怎麼看到的？他是怎麼做到的？為什麼我們看不到？做不到？貝佐斯在接受訪問時說，他有幾種做事的原則，我想可以讓我們了解一個能見人所未見的人，背後的推動力是什麼。

首先，不讓自己後悔。他說：「如果我知道網路革命即將來到，但我卻錯過了這波網路浪潮，必然會後悔莫及。」這是貝佐斯從小說家石黑一雄的書《長日將盡》（*The Remains of The Day*）中得到的靈感，他提出了「遺憾最小化」。所謂「遺憾最小化」就是決定做一件事時，會先問自己，在八十歲時回憶這件事，會不會後悔？如果會，就要馬上去做。這種人生態度，讓他更聚精會神地思考自己的未來，更敏銳地感受時代的變遷，更勇敢地去實踐他想要的理想，所以他發現了網路科技時代的來臨，他沒有猶豫，一頭栽進這個時代洪流之中。

其次，與自己為敵。與自己為敵就是永遠不滿足於現在的自己，他說：「作為一間企業，我們是文化先驅者，連自己的事業也要破壞。」能見人所未見的人，首先就是要有獨創性，敢跟別人不一樣，相信整個世界探索不盡，也敢跟自己不一樣，自己也是一個無限的可能，所以不要畫地自限，貝佐斯就是這樣想的。

第三，長遠的眼光。貝佐斯說：「人類的技術發展愈來愈精進，甚至在某些領域對自己有害。我們愈來愈需要從長期眼光，看待自己的未來。」不謀萬世不能謀一時，短視近利看不到未來，一個房產商跟我說：「如果你買一個產品，馬上可以算出其可能的獲利，那麼這個產品就不值得你買。」他這句話寓意深遠，我們每天都在算，但只算眼前的小利，卻不能把眼光朝更開闊的未來看，所以常常因小失大。

最後一點，符合人性。貝佐斯說：「十年後，消費者還是喜歡低價。」企業服務的就是人，符合人性的企業可以找到不敗秘訣，了解人性的將軍可以制訂能取勝的戰術，孫子說：「九地之變，屈伸之利，人情之理，不可不察也。」所有成功的祕訣必基於人性，從人性的需求中，我們可以看到一條康莊大道，可惜的是大多數人都看不到這一點。

不讓自己後悔，所以能即知即行；與自己為敵，就能不斷突破自己；有長遠眼光，就能看到更大的可能性；符合人性，就能擄獲人心，這些觀念，排除了擋在他思考路上的障礙，所以能走出一條跟別人不一樣的路。一個亞馬遜王國就這樣建立起來了。

## 易勝：以先見獲勝

「古之所謂善戰者，勝於易勝者也。」意思是善戰的將軍，善於在容易勝的地方獲勝。什麼狀況最容易勝？老子說：「安定的狀態，容易保持；還沒有徵兆的事情，容易想辦法解決；脆弱的東西，容易分解；細小的東西，容易拆散。」

扁鵲有一次見到蔡桓公，跟他說：「您有病在皮膚的毛細孔裡面，如果現在不處理，它就會加深。」桓公不理會，還嘲笑扁鵲喜歡治還沒有病灶的病來自我炫耀，隔十天，扁鵲又告訴桓公說：「您的病已跑到肌肉下面了，再不治，就會更深入。」桓公理都不理他，還生悶氣。又過了十天，扁鵲又對桓公說：「您的病已跑到腸胃了，再不治，還會繼續深入。」桓公還是那副德性，理都不理。又過了十天，扁鵲再度出現，看著桓公，一句話也不說，掉頭就走，桓公覺得奇怪，突然緊張了起來，趕快找人問扁鵲怎麼回事，扁鵲說：「之前病在皮膚，只要熱敷按摩就可痊癒；病在肌肉，針灸就可以了；病在腸胃，煎藥服之即可，這些我都可以處理。現在病已進入骨髓，這是老天的管轄範疇了，我無能為力，所以我沒提建議給桓公。」過了五天，桓公開始覺得身體病痛不舒服，趕快叫人去找扁鵲，但扁鵲已逃到秦國了，桓公於是不治身亡。

桓公嘲笑扁鵲喜歡「治未病」，卻不知道這才是硬道理，這是有先見之明的人，我們常常會歌頌一些偉人，是因為他們幫我們處理了很多困難的事，但是「一將功成萬骨枯」，這種勝利是慘勝，這種代價太大，所以真正的英雄，一定是在事情剛露出一點徵兆的時候就出手的人。

能夠在事情的萌芽階段就處理掉的人，因為容易獲勝，所以沒有人認識他，也就沒有聰明的美名，和值得稱道的功勞。所以孫子說：「故善戰者之勝也，無智名，無勇功。」春秋時代提倡「兼愛」、「非攻」的墨子就是這種典型人物。

墨子獲知楚國發明雲梯要攻打宋國，他不辭辛勞，到楚國阻止這件事，以理面折楚王和公輸般，而且能以一條皮帶模擬雲梯攻城的防禦策略，讓楚王和公輸般折服，最後更能識破公輸般想要殺他滅口的詭計，而讓楚王決定放棄攻打宋國的企圖。可是當他完成任務回國時，經過宋國，剛好碰上大雨，守城門的人竟然因為不認識他而不讓他進去，後人感慨地說：「治於神者，眾人不知其功；爭於明者，眾人知之。」運用先機處理事情的人，大家不知道他所立下的功勞，反而那些處理大家都看得到問題的人，卻成為英雄。

扁鵲能透徹事情的發展變化，所以能預知先見，但沒能阻止悲劇發生，留下遺憾，墨子的「勝於易勝」則能功德圓滿，因為他具備了三個重要的條件，首先有悲天憫人的襟懷，願意為消弭戰禍而努力；其次有真知灼見，能析理入微，深入問題核心，服人之心；最後有真才實學，能破解對手的本事與謀略，三者兼具，才能實踐「勝於易勝」的理想。

「有諸中，形於外」，只有深厚的內在修養，也就是「先勝」的實力，「見勝」的思維，和「易勝」的眼光，才能表現出讓敵人「不戰而走」的外形，也才能達成「自保而全勝」的造形目標。

**兵法快遞**

探索不盡的，不只是這個世界，還有你自己。

## 五 造勢：能讓力量極大化的人，不會強求別人

司馬遷妙筆生花，把劉邦的前半生寫的就像一部神話小說，他的出生與常人不同，是蛟龍趴在其母身上而有身孕的。出生後，高聳的鼻樑，像龍一樣的額頭，漂亮的鬍鬚，左腿上還有七十二顆黑痣。長大成人，好酒色，但每次醉酒時，頭上都會有一條龍盤據，而且他所到的店生意都特別好，後來他欠的酒錢老闆都不收了。當亭長時，有一次，送役徒到酈山，役徒多在途中逃亡，他也乾脆不去了，把其他人都放了，回家途中，見白蛇擋道，劉邦一劍殺了牠，此時路旁出現一個老太太，一面哭一面說：「赤帝殺了白帝。」說完就不見了，劉邦更加自命不凡，追隨者也更加敬畏他。後來，秦始皇發現東南方有天子氣，可能會影響他的帝位，所以親自下鄉鎮壓，劉邦躲到深山裡面，但呂后每次都能很快地找到他，劉邦感到奇怪，呂后說：「不奇怪，因為你所在的地方，上面都會有祥雲紫氣，我們一看就知道了。」

我不認為司馬遷相信這些神話，這一看就知道是劉邦的造勢手法，古時候民智未開，

常常利用這樣的神話造勢，取得政治利益，看起來很好笑，但卻是很有用。來到二十一世紀，藉神力造勢的手法，仍舊方興未艾，讓人哭笑不得。

戰爭要獲勝，造神，孫子反對；造勢，孫子贊成。

什麼叫「造勢」？就是把可以看到的或看不到的資源，轉化成可以使用的力量，所以造勢就是結合主觀能力和客觀條件所創造出來的力量。譬如一顆石頭放在那裡沒有力量，但是把它拿起來用力丟，就會產生力量，這個力量就是加上主觀動作所造成。

孫子的造勢手法，一是以奇正的戰術，創造攻擊的最好機會，一是運用速度、距離、高度的特色，創造更大的力量。

## ❖ 奇正：正兵交鋒，奇兵制勝

孫子說：「三軍之眾，可使必受敵而無敗者，奇正是也。」（〈勢篇〉）「奇」、「正」是可以接受敵人的挑戰而不會失敗的法寶。為什麼奇正有這麼大的效用？奇正到底是什麼？

孫子說：「凡戰者，以正合，以奇勝。」以正兵交鋒，以奇兵制勝。正兵就是基本戰術，像籃球的攻守隊形，圍棋的定石，想學會，沒有捷徑，必須按部就班。而奇兵則是在使用這些基本戰術時，加上變化，讓對手意想不到，譬如兩軍正面交鋒，突然旁邊多了一隊人馬，譬如明明是撤退，卻突然來個回馬槍，都會讓對手措手不及，而產生混亂，這就是出奇。

## 善出奇者，變化無窮

出奇可以製造獲勝的機會，如何出奇呢？孫子說：「故善出奇者，無窮如天地，不竭如江河。終而復始，日月是也；死而復生，四時是也。聲不過五，五聲之變，不可勝聽也。色不過五，五色之變，不可勝觀也。味不過五，五味之變，不可勝嘗也。」一個善於出奇的人，會像天地無窮無盡，像江河川流不息，像日月循環不已，像四季不斷更替。就像宮商角徵羽五音，可以譜出數不盡的樂曲，讓人聽不完；像紅黃青白黑五色，可以畫出千變萬化的圖畫，讓人看不盡；像酸甜苦辣鹹五味，可以做出口味不同的佳餚，讓人無限享用。

孫子提出的出奇法門，就是「組合」的概念，你學會組合，簡單的幾個元素，就可以創造出無窮盡的事物。如果我們再把這些事物重新組合，你可以想像有多少可能性嗎？奶茶加蜂蜜，就是蜂蜜奶茶，奶茶加珍珠，就是珍珠奶茶。馬致遠的〈天淨沙〉：「枯藤老樹昏鴉，小橋流水人家，古道西風瘦馬。夕陽西下，斷腸人在天涯。」他把十一種事物重新組合在一起，形成一個新的意象。如果把萬物打散再重新組合，那就更豐富了，像是畢卡索（Pablo Picasso）乾脆把人解體重新拼裝，創造出立體抽象畫，這樣創造出來的世界，恐怕不只是「恆河沙數」了。所以有人說創意會枯竭，江郎會才盡，那是沒出息的話。

## 奇正如何相生？

懂得出奇的方法之後，接下來就要談奇正如何相互為用，也就是奇正如何相生？孫子說：「戰勢不過奇正，奇正之變，不可勝窮也。奇正相生，如循環之無端，孰能窮之？」戰爭的形勢，說穿了就是奇正兩種，但是這兩種結合起來所產生的變化，卻是無窮無盡，奇正交替使用，就好像一個圓環，你不知道起點和終點在哪裡。

前面提到正兵就是基本戰術，而奇兵則是在使用這些基本戰術時，加上變化，讓對手意想不到，所以奇正不是固定的，「奇」一旦被對手識破，就變成了「正」，而「正」只要對手意想不到，也可以為「奇」。

譬如打籃球時快攻上籃，正常狀況就是直接上籃，這是「正」，但對手可能跟在後面要蓋你火鍋，所以要做個假動作，騙過對手，再把球投進，這就是「奇」。但是當第二次再來時，對手知道你會做假動作，不會馬上投籃，所以他也會等一下再跳起來蓋火鍋，如果你不知道你第一次所使用的奇已被對手識破，還是和第一次一樣想要做個假動作再投籃，那就正好符合對手的意思，便不會成功，因為你的奇已變成被知道的正。如果你能直接上籃，不做假動作，本來是正的動作，因為對手沒猜到而變成奇了。這就是孫子所說的「奇正相生」的意思，懂得這個原理，這個變化就無窮無盡了。

夜市裡，兩個賣衣服的路邊攤，同樣的款式，卻不一樣的價錢，相互叫陣，但因為價格不同，顧客都被便宜的那一攤吸引去了，沒多久，便宜的這攤就被搶購一空，顧客都在嘲笑那個把價格提得高高的那一攤不懂得做生意，但是大家不知道這是他們兩個演的雙簧，故意製造價格的落差，讓顧客上當，這種相互搭配、相互支援的方式叫「奇正相生」。

唐太宗說：「以奇為正，使敵視以為正，則吾以奇擊之；以正為奇，使敵視以為奇，則吾以正擊之，混為一法，使敵莫測。」把奇當做正使用，讓對手看成正，那我就可以用奇來攻擊他了，反之，我雖然使用的是正，但讓敵人視為奇，那我就可以用正攻擊他了，把奇正混在一起使用，就會讓敵人搞不清楚。

生意人賣東西常常利用人性貪小便宜、愛面子的心理，譬如在路邊賣西瓜的小販，寫個斗大的字，一粒西瓜五十元，遠遠地看，以為西瓜真便宜，但等到你靠近一看，才發現只有一兩顆品質很差的西瓜是五十元，其他的價格都貴得嚇人，但你已經站在攤子前面，很多人會覺得此時不買反而讓人覺得你是一個貪小便宜的人，為了面子，往往都會忍痛買一些，這是「以奇為正，使敵視以為正，則吾以奇擊之」的招數。

排球攻擊的一方，常常看到一群人跳得很高，以為他們要殺球，結果是做給另一個人攻擊，這就是「以奇為正，使敵視以為正，則吾以奇擊之」，但如果對方識破，不跟著你跳起封阻，這時候真的由第一批跳起來的人攻擊，這就是「以正為奇，使敵視以為奇，則吾以正擊之」。

奇正之用大矣哉，難怪戚繼光要說：「孫子猶禪家所謂上乘之教也。」岳飛說：「陣而後戰，兵法之常，運用之妙，存乎一心。」以正交鋒，這是常態，懂得奇正，然後奇正相生，這種妙用，都存在將領的心中。如果能做到李靖所言：「無不正，無不奇，使敵莫測，故正亦勝，奇亦勝。」奇正的運用，就爐火純青了。

奇正之用，為戰勢的發揮提供了很大的幫助，但不要忘記，實力才是奇正能發揮功能的主要後盾。像一場籃球賽，你透過奇正的運用，騙過對手，找到了一個很好的出手投籃機會，最後卻投不進，那用了半天的心思，又有何意義？

## ❖速度：避免摩擦力

奇正相生創造攻擊的好時機，讓我方的實力能充分發揮，這是孫子造勢的第一種形態。但力量的發揮，還可以透過速度、距離、高度的運用，讓力量產生最有效的發揮，甚至是加乘的效果。

先說速度，孫子說：「激水之疾，至於漂石者，勢也。」快速衝擊柔弱的水，力量會大到讓沉重的石頭飄浮起來，這就是勢。動能=1/2mv²，如果速度是零，那再大的質量也不能發揮出能量，戰場上追求速度，不是沒有道理。

速度要快，就要使力，但也要避免阻力，所以孫子說：「任勢者，其戰人也，如轉木石。木石之性，安則靜，危則動，方則止，圓則行。」用勢就像轉動木頭和石頭，木頭和石頭的特性，放在安定的地方，就不會動，放在傾斜的地方，就會滾動。方正的形就不會動，圓形的就會動。因為方正的形體接觸面大，摩擦力大，速度就快不起來，圓形的接觸地面的面積小，摩擦力小，速度就會快。所以速度要快，要避免磨擦力，避免阻力。

春秋時期，齊國兩個公子，糾與小白，因為齊國內亂，兩個人分別躲到魯國與莒國等待機會，魯國是禮樂之國，規矩多，莒是小國，沒有那一套繁文縟節。所以當齊國的政權出現機會的時候，他們就要比速度，看誰先回到齊國，結果在魯國的公子糾受到禮節的牽絆，不能立即脫身，最後讓小白搶得先機，成了歷史上赫赫有名的齊桓公，這就是「方則止，圓則行」的例子。大公司決策的速度有時候不及新創的小公司，大船轉彎的速度，也不及快艇的靈活，就是這個原因。

阻力影響速度，是什麼牽制了我們，成了我們的阻力，讓我們腳步遲緩，邁不出大步伐？有三個主要原因：觀念不開放、情感偏執、欲望不能克制。觀念狹隘封閉，自我設限，眼界自然狹小，像井底之蛙，如何能走出狹小的世界；情感偏執，不能自我安頓，容不下別人，自以為是，沒有人和，如何能順利前行；欲望不能克制，自己就自綁手腳了，還需要別人阻擋嗎？孫子用「方則止，圓則行」來比喻排除阻礙的重要性，的確是我們創造人生大勢的重要指針。

## ❖距離：靠近才打

孫子說：「鷙鳥之擊，至於毀折者，節也。」兇猛的鳥類，衝擊力道大，甚至可以把獵物摧毀折斷，這就是距離產生的力量。不要讓力氣在過程當中耗盡，像打籃球的人不會在半場就投籃，打棒球的人知道擊球點的掌握很重要，投資人也會掌握買賣的時機點，「強弩之末，不能穿魯縞」，不要把力氣耗在不該浪費的路上。

速度跟距離往往是一體的，有速度卻因為距離沒測準，也發揮不了作用，草原上的花豹，雖然速度驚人，也經不起長途的加速度，所以追逐獵物，一定是等待一個最好的時機，測好距離，才全力衝刺。一個運動員，為了一個重要的比賽，他會調整自己的訓練計畫，等到最後階段才達到高峰。人生的安排，也不是一步到位，準備期很長，但是真正發動卻很短，一炮而紅，一舉成功，都是相同的原理。所以孫子說：「是故善戰者，其勢險，其節短。勢如彍弩，節如發機。」造勢就像射箭，要拉滿弓，滿弓蘊藏力量，一發不可收拾，「開弓沒有回頭箭」，一定要百發百中，孫子以滿弓作喻，表示每一次的發動都要做到最好，節短，就是靠近才打，就是等到可以扣板機的那一刻才動手。

## ❖高度：制高點的優勢

孫子說：「故善戰人之勢，如轉圓石於千仞之山者，勢也。」轉是發動，圓石是容易滾動的石頭，千仞之山就是指高山，一個懂得用勢的人，就像轉動高山上的圓形石頭，來創造巨大的衝擊力量。這句話特別加個千仞之山，就是強調「高度」的價值，孫子喜高惡下，因為高可以產生位能，登高望遠，居高臨下，都是高的優點，後來的戰爭理論也朝空中發展，義大利軍事家杜黑（Giulio Douhet）提出「制空論」，而各國也都花很多力氣朝外太空發展，跟孫子是同一個思維。

韓非說：「有才能沒有高位，雖賢能也拿不肖的人沒轍，所以把一株一尺高的樹種在高山上，也可以俯視深溪，不是因為它長得高，而是它的位置高。」不只政治上的高位有這種效果，各領域的意見領袖，以其制高點，都能發揮影響力，孔子、老子、釋迦牟尼佛以他們思想的高度引領我們度過人生的種種心靈困境，詩人鄭愁予〈野店〉：「是誰傳下這詩人的行業／黃昏裡掛起一盞燈啊！」李白、蘇東坡、莎士比亞（William Shakespeare）的詩撫慰多少孤寂的心靈，達賴喇嘛雖流亡海外，但其一舉一動都牽引著無數人的信仰，經濟學者，科學家一言九鼎，這些都是生命的高度所創造出來的影響力。

孫子說：「故善戰者，求之於勢，不責於人，故能擇人而任勢。」一個善戰的將軍，會想辦法創造有利於勝利的局勢，不會只不斷地要求士兵，所以在他所創造的局勢裡，士兵都能適才適所，都能為團隊做出貢獻，但是不會感到超出自己的負荷。「求之於勢，不責於人」，這句話是孫子為什麼單獨闢出〈勢篇〉談勢的主要原因，也帶給現代領導人一個不同的視野。

孫子的勢從戰術的奇正說到速度、距離、高度的使用，結合了主觀和客觀的條件，創造一個勝利的法門，相較於只憑藉神話造勢，當然不可同日而語，更重要的是他不只在戰術上用心，更重視如何讓天地萬物的能量為我所用，讓力量極大化，這一點更值得借鏡。

**兵法快遞**

靠近才打，不要把力氣耗在不該浪費的路上。

# 六 無形：最遙遠的距離是我懂你，你卻不懂我

鄭國有一位算命先生季咸，能算人生死，列子很崇拜，回去告訴老師壺子說：「我本來以為你已經很厲害了，現在我又看到一個更厲害的人了。」壺子說：「你學到外表，沒有學到內在，所以一眼就被瞧穿了，你請他來幫我算一算。」季咸來了，前三天，壺子展示了三種形相，第一天是隱藏生命跡象，第二天是生機蓬勃，第三天是陰陽變化，都被季咸看穿了，第一天季咸對列子說：「你老師沒救了。」第二天說：「你老師運氣好，遇到我，又有救了。」第三天說：「你老師今天陰陽怪氣，生命跡象不穩定。」到第四天，壺子把自己隱藏了起來，隨物變化，這下子季咸看不到壺子，嚇得逃之夭夭。（《莊子·應帝王》）

壺子展示四相，教導列子分辨「有形」和「無形」的差異，提醒有形再怎麼變化，都會被破解，只有無形，才能保證對手無法得知，所以修行重點不在有形的鑽研，而是無形境界的深入。

## ❖再聰明的人也猜不透

放到競爭場上，道理一樣，凡是有形的招數都有破解之道，無形則敵人沒有著力點，所以孫子說：「無形則深間不能窺，智者不能謀。」達到無形的境界，就能讓最厲害的間諜都看不出來，連最聰明的人都對你沒有辦法。又說：「微乎微乎！至於無形；神乎神乎！至於無聲，故能為敵之司命。」只要能做到無形無聲，不但敵人不能看穿你，還能掌握敵人的生死，這就是「無形」的價值。

無形是什麼？是沒有形狀嗎？對一半，雖然有形狀，但敵人參不透，也是無形，所以無形的關鍵不在是否有形狀，而在對手猜不透。孫子說：「人皆知我所以勝之形，而莫知吾所以制勝之形。」每個人都看到我勝利的形狀，但我是怎麼設計這個勝利的形狀，卻沒有人知道。

所以孫子在〈九地篇〉從四個方面來談無形：「能愚士卒之耳目，使之無知；易其事，革其謀，使人無識；易其居，迂其途，使人不得慮。……若驅群羊，驅而往，驅而來，莫知所之。」

每一場戰爭都是千頭萬緒，千變萬化，沒有辦法講清楚，基於戰場是與敵人的鬥智，有些話也不能講，更何況，戰場凶險，講了士兵恐怕也不能承受這麼大的壓力，所以將軍必須全部承擔起來，只告訴士兵行動與任務，不告訴原因與可能的危險，所以「使之無知」不是愚民，而是不能說。而因應戰場的變化，將軍須因敵變化而制勝，所以行動不斷修正變化，計謀不斷翻新，別人無法得知其所以然，所以「使人無識」是不必說。至於選擇哪裡紮營，選擇哪一條行軍路線，這都是將軍依據當時的狀況做裁量，也都是整體戰略的一個環節，絕對不能透露，所以「使人不得慮」是不應該說。最後務必做到像趕一群羊一樣，叫他來他就來，叫他走他就走，而不必知道要去哪裡，所以「莫知所之」是將軍完全掌控戰場，其他人不必知。

這四個否定句：「使之無知」、「使人無識」、「使人不得慮」、「莫知所之」不只是針對自己的士兵，還包括對敵人，只有這樣做，才能天衣無縫，才能真正的無形，才能保證計謀可以順利實行。

## ❖不到一天就結束的戰役

楚漢相爭時期，韓信攻打趙國這一役，韓信充分展現了「無形」的威力，創造了一場不到一天就結束的戰役，留下為人津津樂道的「背水一戰」故事。我們就以這場戰役為例，來分析「無形」運用的精彩過程。

韓信跟張耳率領士兵攻打趙國，這一場仗，雙方人力懸殊，趙國有二十萬人，韓信只有沿途徵來的幾萬烏合之眾，而且趙國還有兩項優勢，一是主場優勢，韓信去國遠鬥，需要糧食補給，趙軍以逸待勞，另一個是地理優勢，就是趙國有一個車子很難通過，連馬匹都很難並列通行的天然屏障——井陘口，基於這兩項優勢，趙國軍師廣武君建議只要抄韓信後路劫糧，然後堅守不出，讓遠征軍進退不得，就可以活捉韓信了。可惜主將成安君陳餘不同意，認為這不符合兵法，因為韓信人少，兵法說：「十則圍之，倍則戰。」而且遠征軍遠來疲憊，這是兵法「避實擊虛」的最好機會，這種軍隊都不敢打，那不是會被諸侯嘲笑膽怯嗎？

韓信獲知趙國主將成安君是這種腦袋，高興地跳了起來，知道機會來了，馬上把大軍開到井陘口前紮營，並派兩千個士兵手拿漢旗，從旁邊小徑前進趙城旁等候，等待趙軍出城後進入城裡插旗，然後告訴將士們：「今天擊敗趙軍後一起聚餐。」諸將們都不相信，一天之內擊敗二十萬趙軍，這怎麼可能？但也很配合，都假裝說「好」。於是部隊開始佈陣，韓信把士兵佈在背對河流的地方，然後自己去引誘趙軍出城，趙軍看到韓信的背水陣，都哈哈大笑，認為韓信不懂兵法，因為這是兵法上的「死地」，所以傾城而出，韓信故意打輸，撤退到河邊，結合背水陣的士兵一起出戰，士兵們因為沒有退路，個個勇猛無比，殺得趙軍沒有招架之力，想要退入城裡，發現城牆上都是漢旗，以為趙王已被殺，陣腳大亂，死傷無數，最後城破，主將成安君被殺，趙王被擄，一場激戰真的不到一天就結束了。

戰後，諸將佩服得五體投地，紛紛詢問韓信為什麼會佈置一個違反兵法的陣形？韓信說：「我用的『陷之死地而後生，置之亡地而後存』，就是兵法啊！只是你們沒有察覺而已，因為我帶的是一群烏合之眾，不用這一招，恐怕士兵們不會認真作戰，臨陣會逃走，那仗就不用打了。」眾將士們一聽，茅塞頓開，都覺得很有道理，紛紛誇讚韓信用兵如神，是他們趕不上的。

韓信這場戰役具體地展現了孫子「無形」的威力，「人皆知我所以勝之形，而莫知吾所以制勝之形」，他讓敵軍和自己的將士們都摸不透他內心的想法，包括敵軍和自己人對他所擺出的陣形都不以為然，但事實擺在眼前，韓信紮紮實實地打了一場勝仗。但就如韓信自己事後的解說，他所使用的方法也都是依照兵法，沒有什麼特殊之處，韓信的回答輕描淡寫，但我們不禁要問，如果沒有特殊之處，為什麼韓信想得到、做得到，其他人想不到、做不到？

## ❖都是固執惹的禍

先說成安君，他也讀兵法，但他食古不化，而且還有個人面子的問題，這是他的兩個致命傷，孫子早就說過，將軍必須拋開個人名利的束縛，「進不求名，退不避罪」，被私欲蒙蔽，思想就會偏差，做出錯誤的判斷，成安君身為一個二十萬大軍所依靠的人，卻在意諸侯對他的評價，而不顧二十萬大軍的安危，這就是一個大問題。其次，他固執不通，誤解了《孫子兵法》的原理，也因為他的固執，所以他聽不進去軍師廣武君的建言，一意孤行，固執讓韓信找到了可以攻擊的切入點，韓信敢佈置背水陣，就是看穿你成安君沒本事參透我的想法。這一點孫子早就對將軍提出警告，他認為固執是一個將軍會失敗的主要原因，他說：「故將有五危：必死，可殺也；必生，可虜也；忿速，可侮也；廉潔，可辱也；愛民，可煩也。凡此五者，將之過也，用兵之災也。覆軍殺將，必以五危，不可不察也。」（〈九變篇〉）一位將領如果抱著必死的決心，他的眼睛就會往死路看，因此很容易被誘殺；如果他有貪生怕死的想法，他的眼睛會看逃生的路，就很容易被誘捕；假如他很愛發脾氣，就可以藉激怒他而消滅他；假如他很愛惜名譽，一旦被抹黑，一定到處向人澄清，哪來時間思考重要事情；假如他是一個有愛心的人，不能忍受士兵受欺侮，就會想辦法救援，敵人當然也樂於製造這類型的事件，讓他疲於奔命。這五個特點，雖然不一定都是缺點，但成為一種固定的思維，就是一個缺點，就會成為敵人攻擊的目標。

成安君如此，但是他的軍師廣武君就不一樣了，他所提出的對策可是非常具體可行的，可惜不能作主，沒有被採納，所以韓信聽到成安君不採納廣武君的想法時，司馬遷是用「大喜」來形容的，因為廣武君跟他英雄所見略同，假如成安君真的採納了廣武君的做法，恐怕韓信也只能摸摸鼻子，另作打算了，歷史上可能也沒有這場精彩的「背水一戰」了。所以後來戰爭結束，韓信下令不可以殺廣武君，還把他當老師侍候，而廣武君也真的幫韓信提出進攻燕國的對策，這是後話。

## ❖因敵制勝，神乎！神乎！

再來看韓信，從這場戰役中，我們看到韓信一個最大的特點，就是沒有先入為主的觀念，他順著客觀環境來決定他的戰術，首先，他等到成安君不聽廣武軍的話後，才展開他的攻擊計畫，其次，他依據成安君的特性設計了攻擊策略，再其次，他依據自己士兵的特性，設計了背水陣。這種策略就是孫子講的「因敵制勝」，就是壺子所展示的把自己隱藏了起來，隨物變化，孫子這個觀念來自水的啟發，他說：「水因地而制流，兵因敵而制勝。故兵無常勢，水無常形，能因敵變化而取勝者，謂之神。」（〈虛實篇〉）水的流動會順著地形，不會自作主張，所以戰爭也不應該先有成見，而是要順著客觀環境的變化，採取因應的策略，孫子說具備這種觀念的人，可以叫做「神」，呼應了前面提到的「神乎，神乎」的讚嘆。韓信能「無形」，所以能因敵制勝，能出神入化，能為敵之司命。

## ❖沒有風格的風格

畢卡索曾經說過：「小時候媽媽說：『如果你當兵，你將成為將軍；如果你當神職，你將成為教皇。』我想成為畫家，於是我成為了畢卡索！」這句話讓將軍跟藝術家有了連結，原來當將軍跟當藝術家的心靈涵養是一樣的。我們都知道畢卡索是一位百變藝術家，他風格多變，常讓人目不暇給，是什麼原因讓他成為這樣的人？他自己說：「從根本上看我也許是一個沒有風格的畫家。風格這種東西通常將藝術家年復一年，有時甚至是一輩子限定在同一個視角、技術與程式裡。我變化與移動的太快，你看到的此刻的我，而這個我已經改變去到別的地方，我從不停留在一個地方，這也就是為什麼我沒有風格。」

沒有風格成了畢卡索的風格，而這個沒有風格的風格正是孫子這位大將軍的風格，就是「無形」，難怪畢卡索的母親說畢卡索可以當將軍，也可以當教皇，其實，只要你能無形，能沒有風格，那要做什麼家就隨便你了。

有人問畢卡索：「你的畫怎麼看不懂？」畢卡索說：「聽過鳥叫嗎？」「聽過。」「好聽嗎？」「好聽。」「你聽得懂嗎？」如果要問孫子，你的「無形」怎麼那麼深奧？我想，他大概也會和畢卡索一樣回答你！

**兵法快遞**

人生修行的重點，不在有形招數的鑽研，而是無形境界的深入。

## 七 利害：在對手眼中，你的優點、缺點、特點都是弱點

樹上一隻烏鴉口中啣了一塊乳酪，樹下的狐狸看了口水直流，於是開始動歪腦筋，他大聲地讚美起烏鴉：「你的羽毛是全天下最漂亮的，你的身材是全天下最棒的，如果你還有一副好嗓音的話，那就是鳥類中最完美的公主了。」烏鴉聽得樂不可支，二話不說，馬上拉開嗓音，高歌起來，不說你也知道，乳酪掉到了樹下狐狸的口中，狐狸開心地飽餐一頓。過了幾天，同樣的場景再度出現，烏鴉看到狐狸，心裡有了警惕：「你這隻臭狐狸，我不會再上你的當。」狡猾的狐狸，這次不再慈眉善目，劈頭就對烏鴉說：「你那身烏黑的羽毛，又醜又不吉利，你的嗓音像破鑼一樣，真的不敢領教！」烏鴉氣得直發抖，破口大罵，跟上次的結局一樣，乳酪又掉入狐狸的口中。

喜歡被讚美和討厭被罵，都會失去乳酪。

孫子說：「故善戰者，致人而不致於人。能使敵人自至者，利之也；能使敵人不得至者，害之也。」（〈虛實篇〉）一個善戰的將軍，就是一個能夠調動敵人，而不會被敵人

調動的人，利害是調動敵人最好的武器，利之所趨，不請自來，害之所在，請他來他也不會來，這是人的天性，戰場上，你只要懂得利害，運用利害，敵人就會在你的指揮棒下，任你擺佈，隨你起舞。

孫子的戰術運用，就是建立在這個基礎之上的，他說：「故兵以詐立，以利動，以分合為變者也。」他說戰術的運用，不出這三個要點：一個就是詭道的運用，一個是懂得分合變化，另一個就是用利來調動敵人。他又說：「故善動敵者，形之，敵必從之；予之，敵必取之；以利動之，以卒待之。」敵人願意跟著你的感覺走，讓你予取予求，就是用利益來調動的。

## ❖一手蘿蔔，一手鞭子

南北朝時期，梁和北魏交戰，梁朝將軍丘遲想要勸降從梁投奔北魏的將軍陳伯之，他寫了一封勸降書給他，這封信先說理，他告訴陳伯之，梁才是正統，北魏是專門幹傷天害裡的番邦，然後動之以情，以家鄉「暮春三月，江南草長，雜花生樹，群鶯亂飛」的風景，來攪動他思鄉的心情，再誘之以利，告訴陳伯之，只要你願意回來，大官等著你做，還可以世世代代傳給子孫，最後不忘一手蘿蔔，一手鞭子，威之以勢，警告陳伯之，當今皇上，威名遠播，各國朝貢絡繹於途，只剩下北魏，負隅頑抗，但這不會長久，其被消滅，只是遲早的問題，你趕快想清楚，棄暗投明，現在正是時候，否則到時候恐怕就來不及了。你現在的處境就像魚游在鼎沸的熱水中，像鳥築巢在飛動的布幕上一樣的危險。

丘遲厲害，深懂人性，談利害，從「說之以理，動之以情，誘之以利，威之以勢」四個角度切入，講得在理，講得深情，講得誘人，講得讓人心生畏懼，這樣的談利害，讓陳伯之無法抗拒，最後他被說服了，投降了梁朝，一場煙硝就這樣化解了。

## ❖不同的魚用不同的釣餌

傳統的人性分析從「理、情、利、勢」四個面相切入，和西方心理學家馬斯洛的人類五大需求，如出一轍，「理」相當於馬斯洛尊重和自我實現的需求，「情」相當於愛的需求，「利」相當於生理的需求，「勢」相當於安全的需求。可見古今中外對人性的需求所見略同。

但每個人對這些需求在意的點不一樣，有人認為生理、安全是最基本的需求，沒有這個基礎，上層的愛、尊重與自我實現的需求就不用談了，像管仲說的：「倉廩實而知禮節，衣食足而知榮辱。」但也有為理想，為實現自我的人不在意生理的需求，甚至連安全都可以不顧。賈伯斯要挖角百事可樂總裁史考利時的說法是：「你要下半輩子繼續賣糖水，還是改變世界？」賣糖水純粹賺錢，是生理需求，改變世界是一種價值與理想，是自我實現的需求。孔子最得意的學生顏回就是一個生理需求極其淡泊的人，孔子說：「賢哉回也！一簞食，一瓢飲，在陋巷。人不堪其憂，回也不改其樂。賢哉回也！」

幫周武王打下天下的姜太公，在其《六韜》的第一篇談用人哲學，他說用人如釣魚，不同的魚要用不同的釣餌。他說：「君子樂得其志，小人樂得其事。」有理想的君子和普通老百姓的區別，在於君子是以實現自己的抱負為樂的人，普通老百姓在意的是平常的生活。所以用人要先看這個人的需求是什麼，才能對症下藥，他說：「以祿取人，人可竭；以家取國，國可拔；以國取天下，天下可畢。」你想要的人才越傑出，你要付出的代價就越大，平常的人只要有足夠的薪水，就會賣命了，但對於一個志在千里的人，他可能需要一個王國才能滿足。以楚漢相爭為例，項羽最後會敗下陣來，有一個原因就是太吝嗇，捨不得跟功臣分享勝利的果實。韓信說：「項王對人恭敬慈愛，講話輕聲細語，士兵生病，會難過得掉眼淚，會把自己的食物分給士兵吃，但是等到有人立了大功，應該分封土地爵位俸祿時，他就小氣起來了，刻好的印信，放在手上摩娑到連刻好的名字都不見了，還捨不得給，這就是婦人之仁。」韓信把一個「力拔山兮氣蓋世」的西楚霸王說得如此小氣不堪，超出我們的想像，但捨不得給，就不會有所得，也難怪一群傑出的人才一個個離他而去，最後落得形單影隻，只有虞姬和一匹馬陪他走完人生最後一程。

## ❖ 攻其必救，非接招不可

所以談利害，要打蛇打七寸，沒有擊中要害，效果不大，孫子說：「故我欲戰，敵雖高壘深溝，不得不與我戰者，攻其所必救也。」我想要跟敵人作戰，敵人雖然有很好的屏障，也不得不出來跟我作戰，就是因為我打到他非救不可的地方。「三十六計」第二計「圍魏救趙」就是運用這個原理，魏國將軍龐涓率兵攻打趙國，趙國向齊國求救，孫臏不主張直接去救趙國，他認為要讓龐涓從趙國撤軍的方法，一定要做一件讓龐涓不得不撤退的事，那就是直接攻打魏國的首都，首都是魏國根據地，龐涓一定要回防，否則魏都淪陷，魏國完了，龐涓打下趙國又有什麼意義，這招果然奏效，順利地解了趙國之圍。

武俠宗師金庸的《笑傲江湖》中有兩場驚心動魄的大戰場面，金大俠都運用「攻其必救」的策略。第一場是在少林寺，由少林方證大師率領的「名門正派」與任我行為主的「魔教」展開三戰兩勝的對決，以決定任我行的女兒任盈盈是否可以離開少林寺。金大俠在第一場對決時就用上了「攻其必救」策略，當時兩個武林宗師你來我往，鬥得不分上下，任我行深知方證大師宅心仁厚，所以故意出掌攻向青城派余滄海，這一招突如其來，方證果然出手解救，只是方證並不是直接搶救余滄海，而是也使用「攻其必救」的策略，朝任我行進攻，這是方證大師的急中生智的高招，只是高手過招，一個分神，馬上露出破綻，任我行只是虛晃一招，趁方證一念慈悲，分心之時，點中方證穴道，勝負立判。兩位大師同時使用同一招數，真是精彩萬分，方證敗下陣來，竟是一念之仁。

第二場是在黑木崖魔教總部，描寫任我行、令狐沖、向問天、任盈盈等四人大戰東方不敗的精采場面，當時東方不敗練就葵花寶典，武功深不可測，一隻繡花針舞得虎虎生風，讓任我行四人聯手都一籌莫展。任盈盈深知東方不敗的最愛就是楊蓮亭，所以故意攻向楊蓮亭。果然東方不敗急忙分心相救，這一轉折讓一個綿密的防護網出現了破綻，任我行等人趁虛而入，終於擊敗不可一世的東方不敗。

這兩場對戰，都是從對手最在意的地方下手，逼得對手非接招不可。「攻其必救」就是運用「利害」能不能成功的關鍵。

## ❖ 利害的深層思考

利害是調動敵人的武器，反過來也是敵人調動我們的武器，為了避免被敵人「誘之以利」，就要對利益的誘惑有免疫力，人除了像烏鴉一樣，喜歡被讚美和討厭被罵之外，五大需求都是誘餌，稍一不慎，就會上鉤。所以當一個將軍，必須先拋開個人利害，孫子說：「進不求名，退不避罪，唯人是保，而利合於主，國之寶也。」排除「名」跟「罪」的個人利害，以國家百姓之大利為目標，這才是一個國家百姓倚重的珍寶。

孟子見梁惠王，王曰：「叟！不遠千里而來，亦將有以利吾國乎？」孟子對曰：「王何必曰利？亦有仁義而已矣。」

孟子大老遠跑去見梁惠王，梁惠王看到孟子來，高興地迎上前去，希望能聽到這位大儒給他一些有利治國的建議，但是被孟子當場潑了一盆冷水，因為梁惠王說了一個「利」字，觸動了孟子敏感的神經，儒家不喜歡談私利，「君子喻於義，小人喻於利」，談利的是小人，一個國君怎麼可以談利，所以當頭棒喝，要梁惠王重視仁義。其實梁惠王說何以利吾國，並沒有說何以利我自己啊！他為國家利益著想，這是他的本分，不但沒有錯，應該還要鼓勵他才對，可惜孟子對利字過敏，根本不給梁惠王辯解的機會。

蔣經國剛上任時，于右任送他一幅對聯，寫著「計利當計天下利，求名應求萬世名」，利只為個人，不顧他人，或傷到他人，這當然不好，但利擴大到家國，甚至全人類，這個利，就是大利，就是仁義，孟子太緊張了，以至於不能平心靜氣地來跟梁惠王談利，雖然講了一大堆仁義的言論，恐怕梁惠王也聽不進去了，實在可惜。

去除私利，可以對利害產生免疫力，但這只是基本條件，戰場上，敵人無所不用其極地想要誘你上鉤，所以對利害的免疫力還要再升級，那就是「超越利害」，所謂超越利害就是除了沒有私利之心，連公利之心都要化掉，讓敵人不知道你在想什麼，因為凡是有固定的想法，就會形成一個特點，就有破解之道，所以不管私利、公利，當形成一個特點時，就會被敵人攻擊。孫子說：將有五個危險的特質，除了「必死」、「必生」、「忿速」是固執與情緒問題外，其中「廉潔」，是不為私利的美德，而「愛民」更屬於公利的範疇，但孫子都歸為危險的特質，就是因為它們都是可以讓敵人清楚看到的特點。超越利害就不會受制於利害，這是利害的最深層思維。

**兵法快遞**

喜歡被讚美和討厭被罵，都會失去乳酪。

## 八 示形：你會被騙，是因為你有被騙的特質

日本指揮家小澤征爾年輕的時候，有一次參加指揮大賽，進入最後前三名決賽，他被安排最後一個上台，進行當中，他突然發現樂曲中有不和諧的地方，他以為演奏家們演奏錯了，於是停下來，重新再來，但還是一樣，他詢問評審是不是樂譜有錯？但在場的專家們都說樂譜沒有問題，是小澤征爾的錯覺，但小澤征爾還是堅信自己的判斷是對的，於是他大吼一聲：「不，一定是樂譜錯了！」當他說完這句鏗鏘有力的話之後，全部評審都起立為他鼓掌，恭賀他得到第一名。原來這是評審們故意設下的圈套，要來試探一個指揮家能不能在發現錯誤時，堅持自己的判斷，他們相信有這種素質的人，才能成為一流的指揮家。

「示形」是為了達到某種目的，所顯示的一種型態。小澤征爾的故事是一個極富教育意義的示形，雖然驚心動魄，但沒有火藥味，成功地逼出了一位不可多得的指揮家。戰場上的示形內容更豐富，有的用來激勵士兵潛能，但更多的是「多方以誤之」的陷阱，是準備讓

你走投無路的圈套，你不但要能避免落入圈套，還要會設計陷阱，讓敵人落入圈套。

孫子稱這種示形叫「詭道」：「兵者，詭道也。故能而示之不能，用而示之不用，近而示之遠，遠而示之近。利而誘之，亂而取之，實而備之，強而避之，怒而撓之，卑而驕之，佚而勞之，親而離之。攻其無備，出其不意，此兵家之勝，不可先傳也。」有能力作戰，要假裝沒有能力；想要用兵，要假裝不用；要向遠處用兵，要假裝在近處；想要在近處用兵，要假裝從遠處。用小利引誘他，趁其混亂時取勝他；敵人力量充實，就要防備他；敵人兵力強大，就要避開他；激怒敵人，然後擊敗他；對敵人謙卑示弱，讓他驕傲；敵人安逸，就要讓他疲勞；敵人團結，就要離間他。攻擊他沒有準備的時候，打擊他不在意的地方，這是兵家取勝的祕訣，只可意會，不可言傳。

唐太宗認同孫子的看法，認為兵法千章萬句，不出「多方以誤之」這一句，就是要運用大量的欺敵戰術，讓對手不斷地犯錯。李靖也說：「一著失誤，就會全盤皆輸了，更何況多次失誤。」可見詭道對戰場勝負的重要性，難怪孫子要直接以「兵者，詭道也」來定義戰爭了。

第參部

# 反面思考比正面思考更有價值

蘇東坡〈題西林壁〉：「橫看成嶺側成峰，遠近高低各不同。不識廬山真面目，只緣身在此山中。」身在廬山中，不能識廬山，只有跳出廬山，才能識廬山，入其中，還要出其外。孫子面對戰爭，先處理怎麼贏的問題，等一切就緒，確定可以贏之後，孫子沒有馬上衝上戰場，他讓自己先冷靜下來，跳出來看，換個角度看，就是希望不要看走眼。他說：「故不盡知用兵之害者，則不能盡知用兵之利也。」（〈作戰篇〉）如果不能明確知道戰爭帶來的害處，也就無法確知戰爭到底可以帶來什麼好處。因為能贏不一定就有利，必須把可能產生的害處思考一遍，確定有利之後，再開戰不遲。

孫子這句話有兩個重點，一是兩面看，一是徹底看。兩面看就是看好處也要看壞處；徹底看就是要知其然，還要知其所以然。

## ❖ 兩面看

兩面看怎麼看？孫子並沒有好處、害處一起看，整部《孫子兵法》也沒有提到任何一句有關戰爭好處的話，但卻用〈作戰篇〉一整篇來談戰爭的害處，或許如他所說的，只要徹底知道戰爭的害處，戰爭有沒有好處自然就一目了然了。也或許他心中根本就不認同戰爭，戰爭百害無一利，戰爭是不得已，為了讓大家知道戰爭有多麼荒謬，他採取負面表列，徹底讓大家清楚戰爭有多可怕，這兩種想法，我相信孫子都有，我也相信一個百戰沙場的人，心中都會這樣想。

## 戰爭三害

我們先看孫子怎麼說戰爭的害處，他說：「凡用兵之法，馳車千駟，革車千乘，帶甲十萬，千里饋糧，則內外之費，賓客之用，膠漆之材，車甲之奉，日費千金，然後十萬之師舉矣。」發動一場十萬人的戰爭，要準備千輛的戰車，千輛的運輸車，帶著盔甲的士兵十萬人，還要從千里遠的地方運送糧食，國內、戰場上的費用，外交預算，車子的油漆、牛、馬的糧草、士兵的糧食，這些都是必需品，只要戰爭一發動，一天要花費千金才足夠應付，這是擺在眼前的害處。

這個害處已經夠吃不消了，但這樣看就看清楚戰爭的害處了嗎？當然沒有，孫子又接著說：「其用戰也勝，久則鈍兵挫銳，攻城則力屈，久暴師則國用不足。夫鈍兵挫銳，屈力殫貨，則諸侯乘其弊而起，雖有智者，不能善其後矣。」前一段是講眼前的害，這一段講久害，講他害。戰爭打下去，不是想停就能停，拖久了，兵器會磨損，士氣會低落，會水土不服、生病，士兵都要吃飯，會把國家吃垮了。更令人擔心的是，「鷸蚌相爭，漁翁得利」，有其他的國家準備趁虛而入，這是第三者之害。久害、他害會讓一場戰爭帶來的傷害難以估計。

怎麼辦？孫子提出了降低風險和風險轉嫁的思考，他說：「既然拖久了，會有這麼大的傷害，那就『速戰速決』吧！會造成糧食不繼，那就『因糧於敵』，打到哪裡吃到哪裡，以戰養戰吧！」

孫子看戰爭之害，從戰爭的眼前之害、久害、他害三方面來看。眼前之害看事物之間的福禍相倚，這是從利害思維看；久害加入時間的因素，這是從動態思維看；他害有空間的考量，這是從整體思維看。這三個思考角度，充滿辯證的思維，有別於我們習慣性的單一角度思考、線性思考和邏輯思考，提供我們看事情的不同角度，很有啟發性。

## 利害思維

孫子說：「故不盡知用兵之害者，則不能盡知用兵之利也。」從利害兩面看的思維，和《周易》的「一陰一陽之謂道」，《老子》的「萬物負陰而抱陽」是同一個觀點，《周易》和《老子》都認為天地萬物都是陰陽合體，一體兩面，每一個事物都有兩面性，所以看事情一定要從兩面看，才能看出一件事情的全貌。

譬如投資股票只想到一天漲停板百分之十入袋，卻不想跌停板也是百分之十不見了，而不顧風險地買進；或是反過來只想到跌停板會損失百分之十，而忽略你也可能因為漲停板而賺百分之十，而不敢投資，這都是只看一面的錯誤。《周易・乾・文言》說：「亢之為言也，知進而不知退，知存而不知亡，知得而不知喪。其唯聖人乎！知進退存亡而不失其正者，其唯聖人乎！」亢的意思是只知道前進，不知道後退；只知道生存，不知道衰亡；只知道獲得，不知道失去，只有聖人，知道事情都有進退、存亡、得失兩面，《周易》作者連續說出兩次「其唯聖人乎！」表示要體會這個道理，而且能身體力行的人，真的不多見。

習慣看一面，當然就看不到完整的真相，就會做出錯誤的判斷。

二〇〇八年底，爆發了有史以來最大的金融詐騙案，前那斯達克主席馬多夫（Bernard Madoff）被控詐騙五百億美元。這場騙局持續二十年，被騙的人很多都是政商名流，在各行各業都頭角崢嶸，但他們都上當了。很多人都覺得不可思議，一個有金融資歷背景，慈善家，不喜歡出風頭，又能穩定讓投資人獲利的人，怎麼可能騙人，但事實證明，他就是不值得信任。

投資馬多夫的投資人，其實只要多一個步驟，問題可能就不會發生了，就是讓自己冷靜一下，問自己一句話，這些誘人的投資，真的都沒有問題嗎？或許就可以找到破綻，而避免龐大的損失了。

看到「利」就要想到「害」，看到「害」就要想到「利」，這是孫子教給我們避免錯看的第一項思維，平常我們不習慣這樣思考，是因為我們習慣看自己想看的，對於不想看的會自動略過，但是一件事情本來就有兩面，你不兩面看，當然就會錯看。

有利害思維習慣的人，在遇到挫折或危機時，就能很快地轉換心境，而不會被問題困住。

王維〈終南別業〉詩：「行到水窮處，坐看雲起時。」一路沿著河流欣賞美景，突然山窮水盡，很多人會覺得悵然若失，但王維馬上轉念，沒有河流的風景可看，席地而坐，抬頭觀賞天上的風雲變幻，一樣可以得到樂趣。

蘇東坡有一天晚上喝得醉醺醺地回家，家人都睡了，門怎麼敲都沒有回應，但他沒有扯開喉嚨大喊開門，他轉個身拄著楞杖，靜靜地聽流水的聲音，但這一轉身，讓他的心靜了下來，反省此生汲汲營營，為俗事奔波，幾曾有自己的生活？因此決定要離開這個俗世圈，「小舟從此逝，江海寄餘生」。

司馬遷稱讚管仲是一個懂得轉禍為福的人，《史記・管晏列傳》載：齊魯會戰，魯國戰敗，魯莊公在柯地求和，將要開始會盟的時候，魯國刺客曹沬以匕首挾持齊桓公，要他歸還魯地，齊桓公礙於形勢，只能允諾，但當危機解除時，又要反悔，管仲制止說：「不可以，貪小利而失信於諸侯，不划算。」管仲藉機立信於天下，為齊桓公贏得美名。司馬遷說：「知與之為取，政之寶也。」點出管仲懂得轉禍為福的關鍵，就在於他懂得「給與就是獲取」的利害思維。

王維、蘇東坡、管仲都是懂得利害一體思維的人，所以沒有什麼事情可以難得倒他們，也因為他們的這種體悟，留下來的詩文都能獲得後人的共鳴。

## 動態思維

時間會改變一切，而且常是朝著對立面改變，老子說：「反者道之動。」反就是反向運動，譬如「日中則昃，月滿則虧」。孔子說：「後生可畏，焉知來者之不如今也？」（《論語．子罕》）就是看到年輕人的未來潛能。白居易〈戲答諸少年〉詩：「朱顏今日雖欺我，白髮他時不放君。」就是提醒年輕人，生命都有衰老的一天。

對立面的轉化告訴我們，不要怕被眼前的困難所困，因為我們知道：「痛苦會過去，美麗會留下。」「冬天來了，春天還會遠嗎？」但對立面的轉化也告訴我們：創業維艱，守成不易，轉眼之間，樓起樓塌，明日黃花。這就是孫子提到戰爭的傷害，會把時間因素放進去思考的主要原因。而人生何嘗不是如此？如《菜根譚》所言：「明白盛極必衰，也要懂得否極泰來，才能內心坦然。」

轉化不會馬上發生，會有一個臨界點，這就是「物極必反」，「極」就是那個臨界點，這個自然的規律應予尊重，所以雖然會轉化，但不能急，要學會等待，揠苗助長，於事無補，強摘的果實也不會甜。孫子說：「昔之善戰者，先為不可勝，以待敵之可勝。」敵人實力堅強必須等待，不可強攻。范蠡告訴越王勾踐「十年生聚，十年教訓」，就是要等到吳國出現盛衰的轉折點。曹劌論戰，等對手三擊鼓才進攻，就是注意到「一鼓作氣，再而衰，三而竭」的心理轉折點。

時間有時候是短利長害，有時候是短害長利，如果只偏限在眼前看利害，不從發展的角度看，就會錯看，所謂「不謀萬世者，不足謀一時」，「人無遠慮，必有近憂」，這對我們人生規劃很重要，對投資人也是一樣，投資市場常有短空長多，或是短多長空的現象，不能參透這個時間因素，就會掌握不到發展的方向，就很難獲利。

鄭國子產執政，充分展現這種智慧。《左傳．襄公三十一年》：鄭國罕虎想要讓尹何來治理自己的封邑。子產說：「尹何太年輕，恐怕不能勝任。」罕虎說：「這個人謹慎善良，我喜歡他，他不會背叛我的，讓他去學習一下，他以後就更加知道該怎麼辦事情了。」子產說：「不行！喜歡一個人，就是希望做對這個人有利的事，現在您喜歡一個人，卻把重要的政事交給他，這好像一個人還不會使用刀子，你就讓他拿刀去割東西，這是會傷害他的。您喜歡他，卻傷害他，以後誰還敢讓您喜歡？就像您有了一匹漂亮的絲綢，您會讓還在學習的人來裁製嗎？大的官職和封邑，是用來保護您的，您卻讓一個實習生去擔任，這比起漂亮的絲綢被學習者裁製更可怕，我只聽說學習完成以後才能從政，從沒有聽說用從政來學習的。如果您真的這麼做，一定會帶來傷害。譬如打獵，熟悉射箭駕車的獵人，就能獲得獵物，如果從來沒有駕車射箭經驗的人，那麼只會擔心會不會不小心翻車被壓，哪裡還有心思去想如何獲取獵物呢？」

罕虎說：「您說的真好啊！我實在是不夠聰明，我聽說君子懂得從大方向、從遠處看事情，小人只懂得看到小地方，看眼前。我是一個小人物啊！衣服穿在我身上，我知道謹慎保護它，大的官職和大的封邑是用來保護自己的，我反而疏遠而且輕視它，要是沒有您的話，我恐怕會犯下大錯啊！」

子產懂得從大處看，遠處看，所以能看到罕虎看不到的地方，避免罕虎做出錯誤的決策，消除了一場可能帶來的災難，這就是懂得長遠看利害的智慧。

## 整體思維

整體思維是從大格局看事情，「不謀全局者，不足謀一域」，一場戰役必須以戰略為依歸，就像一場球賽，個人的意志也必須符合球隊的利益。孫子看戰爭是拉到天下的格局，不會侷限於兩國之間的狹隘視野，這一點也提醒我們看事情的角度。

莊子講過一個螳螂捕蟬的故事，他看到一隻眼睛很大，翅膀很寬的黃雀，從他眼前飛過去，還碰到他的頭，他覺得奇怪，這隻鳥的大眼睛是幹啥用的，竟然無視於他的存在，他拿起彈弓準備要射牠，但這隻黃雀卻沒有一點警覺性，原來牠一直注視著前面樹上的一隻螳螂，而螳螂沒發現黃雀正衝著牠來，原來螳螂正在覬覦前面的一隻蟬，這個連環殺讓莊子感到背脊一冷，竟然每隻小動物都只看眼前的利，而忽略後面的害，這太可怕了，想到這裡，正要回頭，園丁出現了，他以為莊子是要入園偷東西，所以拿起棍子就要打，莊子跑回家，閉門三月不出，他思索著，當我們在嘲笑別人的愚昧時，沒想到自己也是愚昧一族，而沒有警覺自己的愚昧則顯得更愚昧。

卞之琳的〈斷章〉詩：「你站在橋上看風景，看風景的人在樓上看你；明月裝飾了你的窗子，你裝飾了別人的夢。」人際關係的糾葛，和戰場上的複雜關係，不相上下。

整體思維必須有大格局，蘇轍〈六國論〉分析六國有五倍大於秦的土地，十倍多於秦的人口，最後卻被秦所滅，他感慨於這些人不能深謀遠慮，他說這些人「慮患之疏，而見利之淺，且不知天下之勢也」，眼界不高，短視近利，不知天下大勢。原因在於韓、魏兩國是抵擋秦國入侵，保護其他國家的第一線，但是齊、楚、燕、趙卻不願意伸出援手共同捍衛這道防線，反而各自為陣，貪圖小利，自相殘殺，最後走向滅亡，也沒什麼話可說。

我想起莊子，他以逍遙為人生目標，但怎樣可以做到呢？他說要有大胸襟，所以第一篇〈逍遙遊〉就藉大鵬鳥和小麻雀的對比，來凸顯遨遊九萬里高空和跳躍於灌木叢之間的差異。大才能逍遙，「大」成為《莊子》這部書的標誌。明代思想家陳白沙說：「若無天肚量，爭得聖胚胎。」想要成聖賢，必須胸懷宇宙，格局大了，見解自然不同。

## ❖徹底看

兩面看讓我們看到事情的全貌，但是孫子這句「故不盡知用兵之害者，則不能盡知用兵之利也」有兩個字很重要，卻常被忽略，就是「盡知」，盡知就是完全地知道，徹底地知道。我們不能徹底知道的原因，常常是自以為知道，但其實不知道，或者是知的不徹底，知些皮毛。我先說個故事給大家參考：

《貞觀政要．政體》記載唐太宗剛登基不久，就跟大臣蕭瑀說：「我小時候很喜歡射箭，自認為能掌握射箭的奧妙，最近，我得到十幾把好的弓箭，拿給弓匠看，沒想到，弓匠說這些都不是好箭，我問他原因，他告訴我，木頭的中心不正，紋路歪斜，弓箭雖然堅韌，但卻不能射直，所以不是好弓箭。這件事讓我有了深刻的體悟，我靠弓箭平定四方，用箭無數，卻還不知道弓箭的道理，而我現在才剛登基，治國資歷尚淺，跟射箭的資歷比，還差得遠，而弓箭的道理我都沒摸熟，治國的道理就更不用說了。」唐太宗從此以後把開會的層級降低，希望能接觸更多不同階層的人，而且親自詢問百姓的疾苦，務必做到所有的政策都能照顧到百姓為止。

王船山說過「害莫大於膚淺」，知的不夠徹底，搔不到癢處，問題不會真正地解決，尤其是生命的學問，不能用知識來理解。

禪宗有一個故事，有一位武士拜訪白隱禪師，向他請教何謂天堂，何謂地獄，白隱禪師用嘲弄的口吻說：「你不是鼎鼎大名的武士嗎？怎麼連這麼簡單的問題都不知道，看來你是浪得虛名。」這位武士哪堪這樣被羞辱，火氣馬上上來，但還是按捺住脾氣說：「我來向你請教，你不想說就罷了，何必如此羞辱人？」白隱禪師一不做二不休，變本加厲地說：「我看你這個人金玉其外，敗絮其中，應該早早退隱江湖，不要再招搖撞騙了。」這下子武士再也按捺不住，拔起劍來朝白隱禪師就要砍下，白隱禪師不慌不忙地指著武士的臉說：「地獄就在這裡。」武士心頭一驚，領悟自己的失態，馬上把劍放下，白隱禪師馬上又指著武士的臉龐說：「天堂就在這裡。」這下子武士完全懂了。

另外一個是有關經營之神王永慶的故事，有一次，王永慶要企劃部經理寫一份企劃書，這位經理很快就完成了，但王永慶說：「寫的不夠好，拿回去再修改。」經理不敢怠慢，花了好幾天才交卷，沒想到王永慶不假辭色說：「還是不夠好。」經理無奈地說：「報告董事長，我已經盡力了。」王永慶說：「你去上廁所，回頭再說。」經理覺得很奇怪，為什麼叫我上廁所？但他也照做了，等到回來時王永慶問他：「剛剛尿出來是什麼顏色？」經理說：「淡黃色。」王永慶說：「好！那就再拿回去改。」王永慶的用意是要讓經理知道，做一件事情沒有把自己逼到絕境，怎麼可以叫做盡力？如果你真的盡力，你可能熬夜，可能日夜顛倒，身體受到煎熬，尿出來的顏色肯定不是淡黃色，道理就這麼簡單。

這兩段故事都同時用了逼到絕境的方式，來讓對方徹底地懂。白隱禪師不用這種方式，不能逼出武士生命的本來面目，不能徹底，不能深刻，那就不會懂，因為天堂、地獄是生命的問題，必須用生命的實踐來理解，想想看，如果不用這種讓武士自己親自感受的

「求全不戰」是〈謀攻篇〉的主旨，是接著〈作戰篇〉的利害分析而來，雖然〈作戰篇〉分析完戰爭之害後，孫子提出戰爭風險很大的警告，也試圖找到降低傷害的兩個方法——速戰與因糧於敵，儘管如此，孫子對於戰爭帶來的傷害仍是不安的，所以逼出他進一步思考，為什麼非戰不可？於是有「是故百戰百勝，非善之善者也；不戰而屈人之兵，善之善者也」（〈謀攻篇〉）的提出，這是孫子在看到戰爭的傷害之後，一個更深刻的，更根本的思考。

百戰百勝是建立在對立的立場思考的，有對立才有戰，才會論輸贏，但是用對立的心態處理對立的問題是不會有結果的，就像愛因斯坦說的：「用製造問題的思考層次去想，根本無法想出解決那些問題的辦法。」

莊子說：「我們活在二分法的世界，而且還把它對立起來，給予好壞的價值判斷，有價值判斷就有了好惡，然後一切行為就變調了。」這是一切錯誤的開始，我們錯了，錯了就要改，所以老子叫我們要歸根復命，讓生命回到最源頭的地方，也就是常道。老子說：「夫物芸芸，各復歸其根。歸根曰靜，是謂復命。復命曰常，知常曰明。不知常，妄作凶。」歸根復命，就正常了，腦袋就清明了，你不回到源頭的常道，生命無所依歸，就會胡作非為，那就會自取災禍。孫子顯然對於長期以來，碰到戰爭問題就是戰場見真章的思考不滿意，所以他也試圖從生命的源頭找答案，那個沒有對立的狀態。

百戰百勝，是多少人的期望，但是卻很少人知道這個念頭會產生多少後遺症，就像兩輛車對撞一樣，傷敵一千，自損八百，這種勝利帶點苦澀。更糟糕的是這種行為模式帶來的傷害，不只眼前所看到的損失，我們競爭越激烈，社會衝突、環境破壞，與貧富差距就越大，而破壞了人與人之間的信任與包容，讓我們身處的環境充滿不安全感，我們活得並不快樂，更是無法彌補的損失。

對立的思維，輸贏其實都不會快樂！

二〇一七年，世界圍棋冠軍柯潔九段大戰AlphaGo，連續四盤敗在AlphaGo手下，柯潔流下少年英雄淚，說出：「即使之後拿再多的『人類』比賽桂冠，這世上始終會有一物勝過你，連勝半子的機會都不會給你！」

一生沒有敗績，卻因垓下一役失敗，就結束一生的英雄項羽，面對滾滾長江，唱出了「力拔山兮氣蓋世，時不利兮騅不逝。騅不逝兮可奈何，虞兮虞兮奈若何」的悲歌，也掉下了英雄淚。而打敗項羽的韓信，最後被劉邦殺掉，臨終前說出：「狡兔死，走狗烹；飛鳥盡，良弓藏；敵國破，謀臣亡。天下已定，我固當烹。」哭得更傷心。而劉邦得到天下，殺了功臣，發現自己成了孤鳥，也不開心，唱出「大風起兮雲飛揚，威加海內兮歸故鄉，安得猛士兮守四方」的無奈心聲。

建立了橫跨歐、亞、非三大洲，把世界當作自己家鄉的亞歷山大（Alexander the Great），當他征服到印度，面對滾滾的印度河，以為這就是世界盡頭，感到英雄無用武之地，不覺潸然淚下。

競賽場上的輸家哭了，贏家也哭了，人生到底如何能不哭？

## ❖求全，從對立的泥淖抽身

不哭的方法就只有一個，就是消除對立，「求全不戰」是從「百戰百勝」對立的泥淖抽身，這一步很重要，因為這個轉彎，才不會一直撞牆，才可能找到新出路。

何謂「求全不戰」？

孫子曰：凡用兵之法，全國為上，破國次之；全軍為上，破軍次之；全旅為上，破旅次之；全卒為上，破卒次之；全伍為上，破伍次之。是故百戰百勝，非善之善者也；不戰而屈人之兵，善之善者也。故上兵伐謀，其次伐交，其次伐兵，其下攻城。攻城之法，為不得已。……必以全爭於天下，故兵不頓而利可全，此謀攻之法也。

孫子認為：用兵的方法是讓敵人全國完整地屈服為上策，擊破敵國是其次；讓敵人全軍完整地屈服為上策，擊破敵人一個軍是其次；讓敵人全旅完整地屈服為上策，擊破敵人一個旅是其次；讓敵人全卒完整地屈服為上策，擊破敵人一個卒是其次；讓敵人全伍完整地屈服為上策，擊破敵人一個伍是其次，也就是說隨著戰爭激化的程度，心中「求全」的理想卻不曾改變，這種態度總結出「是故百戰百勝，非善之善者也；不戰而屈人之兵，善之善者也」這句千古名言。接著在這個最高指導原則下，提供戰爭思考的四個步驟，也就是上策用謀略，其次用外交和出兵，最壞的情況是攻城，攻城肉搏戰是萬不得已的做法，「必以全爭於天下，故兵不頓而利可全」，才是孫子的終極目標。

孫子這種雖然不得已而開戰，也希望能破中求全，不要放棄一絲一毫求全的機會，讓人感動，戰場上真的打起來，很少不殺紅眼，要不是真的對「求全不戰」有深刻的體悟與堅持，怎麼可能在烽煙瀰漫之下保持理性的思維。「不得已」這三個字，對一個不想走向戰爭的將軍，內心的痛苦可以想見。不到最後關頭，絕不放棄追求不戰的決心，常言道：「如果你拒絕接受替代品，你就能獲得最好的。」這是生命給堅持的人的犒賞，而人生就是在堅持理想的過程當中看到生命的高度、寬度、深度與價值。

孫子這種說法，看在寫《戰爭論》（*On War*）的西方軍事專家克勞塞維茲（Carl von Clausewitz）眼裡，就不太認同，他認為：「想要用慈善家的心腸就能解決戰場的問題，不管講的再動聽，都是一種必須清除的錯誤。」

先不要評論誰對誰錯，我們先看一個日本種蘋果的農夫木村先生的故事。

木村先生的太太對農藥過敏，所以他決定要用自然工法種蘋果，這個決定讓他花了十年的時間去實踐，最後他成功了。

他說：「使用農藥消除了雜草，最後你自己也活不下去了，作物一旦用過化肥，噴過農藥，便很難再回到原先的種植方式，也失去了原本的免疫力和生命力，大自然的生態食物鏈也會被破壞。」所以他讓大自然的生物自己調節平衡，雖然重新改良受到破壞的土地恢復生命力，需要時間等待，但這是值得的，他認為這才是對的方向。當有人誇獎他的成就時，他卻說出了一段發人省思的話，他說：「其實不是我，而是蘋果樹很努力。這不是我在謙虛，是發自內心這麼認為。因為，無論人再怎麼努力，都無法靠自己開出一朵蘋果花。」人雖為萬物之靈，但不是用來主宰萬物，反而應該尊重自然，讓萬物用他們自己的方式成長，這才是最好的方式。

他種植的蘋果，後來得到很多人的喜愛，有人說：「希望可以吃到木村先生的蘋果，哪怕只有一次都好。」甚至這樣的人生觀，感動了很多人，想自殺的年輕人，也從木村身上找到活下去的勇氣，就連黑道大哥，也想和木村單獨喝酒。木村的故事說明了：人類習以為常的種植方式其實是不對的，他也證明了對的方法。

所以太早放棄更好的解決方式，失去想像力與創造力，這是自暴自棄的想法，非常可惜。宋儒朱熹說：「泰山雖高，泰山之上即不屬於泰山。」林肯也說：「噴泉的高度不會超過他的源頭。」只要我們願意突破習慣思維，其實解決方法是有很大空間的。

## ❖求全是生命共同體

孫子「求全不戰」的可能性在哪裡？首先，體認求全是生命共同體。

我們只有一個地球，雖然我們住在地球的不同地方，但我們一起分享地球的資源，共同承擔地球上的一切變化，地球就像一條船，我們都在船上，同舟共濟是我們唯一的選項。兩千年前，莊子就說過：「天地與我並生，萬物與我為一。」我們都是一家人。孫子有一個帶兵的理論，雖然談的是帶兵，但其深層的原理可以擴大到敵我的合作。他說：「一個善於帶兵的將軍，會把士兵帶得像常山之蛇一樣，常山之蛇的特點就是一體感，如果你攻擊牠的頭，中腹跟尾巴就會來幫忙，同理，你攻擊中腹或尾巴，其他的兩部分就會過來幫忙。」一個部隊能相互支援如常山之蛇，就是一支能通力合作的部隊。有人就請教孫子要怎麼做才能達到這個境界？孫子說：「這很簡單，只要放在同一條船上就可以了，譬如吳國和越國是世仇，本來互看不順眼，在一起，不要打架就不錯了，根本不可能合作，但是，如果把他們放在同一條船上，而且遇到大風浪，船隨時會翻覆，你說他們會不會合作？保證他們會像我們的左右手一樣，合作無間，這是什麼原因呢？這是因為『不得已』啊！」這三個字聽起來很無奈，但是仔細思考一下，如果我們都能體會到大家在同一條遇到大風的船上，不通力合作，最後會造成船翻覆，你會不會想要繼續打下去？有再大的仇恨，可能都不會採取這種同歸於盡的方式來解決問題。從生命共同體來思考，「求全不戰」的主張就成為理所當然，而且是人類必須走的路。

## ❖ 求全是生命潛能的激發

沒有人可以知道生命潛能的極限，有心就有力。有夢，有理想，朝向未被開發的世界邁進，就會有意想不到的收穫。告訴自已我可以創造更大的可能性，我可以解決大家認為不可能解決的問題，只要內在的驅動力夠強。激發源源不絕的能量，不向戰爭妥協，不向問題妥協，不向庸俗妥協，不向無趣妥協，一個嶄新的世界就會為你敞開。《牧羊少年奇幻之旅》就是敘述一個渴望追求真理，勇敢走出去的年輕人的故事，他說：「害怕比起傷害本身更糟。而且沒有一顆心會因為追求夢想而受傷，因為追尋過程中的每一片刻，都是和神與永恆的邂逅。」只要你願意走出去，世界就會為你敞開。不敢邁出步伐的人生，永遠不知道自己可以走多遠。

孫子說：「令發之日，士卒坐者涕霑襟，偃臥者涕交頤。投之無所往者，諸、劌之勇也。」將軍下令出征的那一天，士兵們或坐或臥，都神情激動，痛哭流涕，都急著要上戰場殺敵，孫子用的方法是讓士兵沒有退路，以激發他們的潛能，他相信人的潛能無限，只是你要不要激發出來而已，只要給予一個適當的環境，士兵每一個人都可以像刺客專諸和曹劌一樣神勇。恐怖小說家史蒂芬·金（Stephen King）說：「寫好小說很簡單，只要『一個房間，一扇門，和關門的勇氣』。」

## 佛法如何激發人性潛能

菩提達摩要離開人世時，召集弟子們到面前，要他們說說自己的體悟。

道副首先站起來說：「我們應該不執著文字，也不捨棄文字，而是把文字當作求道的工具。這是我悟到的，老師以為如何？」菩提達摩說：「你只得到了我的皮。」尼總持接著說：「依我所了解的，就像慶喜看到了阿閦佛國，一見之後便再也見不著了。」菩提達摩說：「你只得到了我的肉。」道育隨後起來說：「地、水、火、風本來是空的，眼、耳、鼻、舌、根也非實有，整個世界無一法可得。」菩提達摩回答：「你只得到了我的骨。」最後輪到慧可，只見他站起身來，向菩提達摩三拜行禮，然後便站著不動了。菩提達摩哈哈大笑，說：「你已得到了我的髓。」於是，慧可成了禪宗二祖。

文字是手段，是橋梁，初學者必須依靠的工具，但是不可拘泥文字，「百年鑽故紙，何日出頭時」，要了解文字背後的意思，道副講的是這個道理，但這對修佛的進境來說，只是皮毛而已。

時間是流動的，天地萬物是變動不居的，有所得，不能貪戀於所得，而應往前繼續前進，就像《菜根譚》：「風來疏竹，風過而竹不留聲；雁渡寒潭，雁去而潭不留影。故君子事來而心始現，事去而心隨空。」每做一件成功的事，不要得意忘形，隨過隨掃，每一個個案都有一些不同，成功了，不表示下一個一定會成功，所以隨時都要回到全新的自己，尼總持的體會就是隨過隨掃的道理，但仍有動心，心仍會隨物波動，仍有不足。

道育直接提出佛教空的體悟，天地萬物無一法可得，萬法皆空，既是空，又何來空可言，說空已不是空，所以仍未究竟。

慧可體會的是不可思議，朗朗乾坤，就在目前。我當下的一切就是我的體會。不須再言，我就是法，法即是我，不是攤開來說法。讓所有的體會都融入生命當中，成為一體，成為我。不須記，不需要分析。

這四種境界，層次不同，達摩期待弟子精進，能不斷超越自己，這是佛法激發人性潛能的方法。

## 「棋之九品」悟出人生

圍棋是一個濃縮的戰場，千年來多少棋士在這個棋盤上廝殺，悟出棋理，悟出人生。我們就以《棋經》所談的「棋之九品」來對照《孫子兵法》的九個層次，一來了解孫子的兵學的層次，一來也說明孫子最後提出不戰而屈人之兵的整個思路歷程，及其兵學思想的完成。

《棋經．品格篇第十二》：「夫圍棋之品有九：一曰入神，二曰坐照，三曰具體，四曰通幽，五曰用智，六曰小巧，七曰鬥力，八曰若愚，九曰守拙。」

我們從最低層級的下下品開始談起，最後以上上品作結。

### 九品「守拙」

九品為下下品，叫「守拙」。這是最基本的功夫，老老實實的基本功，不採取主動攻擊，趁敵人大意、失誤之下獲勝，堅實的技巧訓練，以守為主。這是孫子的「先為不可勝，以待敵之可勝」的理路。

### 八品「若愚」

八品為下中品，叫「若愚」。就是大智若愚，布局堅實，氣勢不可犯，所謂「始如處女，敵人開戶，後如脫兔，敵不敢拒是也」，看起來無所作為，敵人便會疏於防範；一旦機會來臨，便有脫兔般的快速，對手就會反應不及而失敗。孫子說：「故善戰者，立於不敗之地，而不失敵之敗也。」看起來很不起眼的佈局，相較「九品守拙」，則添幾分主動。

### 七品「鬥力」

七品為下上品，叫「鬥力」。採取主動攻擊，但鬥力不鬥智，所以叫「此野戰棋也」，是野戰的戰場攻殺，自信有一手好本領，就敢跟敵人拚鬥，這種心態往往是只看到利益的爭逐，展現不甘示弱的豪氣，卻不願意多花心思防守，有孫子「故善戰者，致人而不致於人」的主動性，但純任技巧，少謀略。

## 六品「小巧」

六品為中下品，叫「小巧」。與敵鬥力，除非實力懸殊，否則多會兩敗俱傷，傷敵一千，自損八百。明白這道理，所以就會採取避敵鋒芒，求取巧勝，力求以四兩撥千金的方式，擊敗對手。孫子說：「夫兵形象水，水之形，避高而趨下，兵之形，避實而擊虛。」雖然談不上大格局，但是攻殺手段能小巧克敵，小勝積大勝，也能獲勝。

## 五品「用智」

五品為中中品，叫「用智」。「小巧」之上，開始進入「用智」的層次，智取不是力敵，運籌帷幄之中，決勝千里之外。如果說「小巧」是趁虛而入，尋求戰鬥過程的機會，那麼，「用智」則是成竹在胸之後的戰鬥，雖然程度「未至於神」，不能洞悉棋意，但深算之下，仍能看出其精妙。孫子說：「夫未戰而廟算勝者，得算多也；未戰而廟算不勝者，得算少也。多算勝，少算不勝，而況於無算乎？吾以此觀之，勝負見矣。」人算或許不如天算，智算不如神算，但能析理入微，客觀比較，亦能知勝敗矣。孫子多處談及智將，雖稱讚之，但仍以為不足，因為智者不能謀無形，所以孫子說：「故形兵之極，至於無形；無形，則深間不能窺，智者不能謀。」

孫子認為最高明的人，其實不是被人歌功頌德的智者、勇者，而是能把戰爭消弭於無形的人，孫子說：「故善戰者之勝也，無智名，無勇功。」

**四品「通幽」**

四品為中上品，叫「通幽」。通就是通透，幽就是深遠幽微，通幽就是能深入棋形背後的道理，了解有形佈局背後的深意。孫子說：「將軍之事，靜以幽，正以治。」就是這種境界的描述。

**三品「具體」**

三品為上下品，叫「具體」。進入九品的前段班，功力都不在話下，差距已經很小。雖然只有一點差異，卻是不容易，就像奧運百米選手，前三名都只有些微的差距，但卻是最難超越的差距。取名叫「具體」，表示能兼眾家之長，具體而微，在戰鬥過程中，能籠罩戰局，讓對手如進入圍地、死地而不得脫，孫子說：「圍地則謀，死地則戰。」對手必須作困獸鬥，而你卻能好整以暇地坐收勝利。到這種境界，戰場是由我所主宰的戰場，因為敵人的一切想法都在我掌握之中，我呼之即來，揮之即去，沒有阻力的戰爭，是最輕易獲勝的戰爭。孫子說：「行千里而不勞者，行於無人之地也。」又說：「敵雖眾，可使無鬥。」到這步田地，敵人只能投降，很難有其他辦法可想。

**二品「坐照」**

二品為上中品，叫「坐照」。這個境界是進入不思而得的境界，孫子說：「故兵無常勢，水無常形，能因敵變化而制勝者，謂之神。」胸中朗朗，無物不照，敵人或環境的任何變化，都能隨時應而不覺有礙，這是心靈修養的境界，不是純任理性思考的境界。

**一品「入神」**

一品為上上品，叫「入神」。入神是了解戰場的意義，想要贏得戰場，必須沒有戰場，沒有敵我對立，才能消解對立，其所行棋，旁人無從得知，因為沒有我在。如上天造物，知其然，不知其所以然，顏回形容孔子：「仰之彌高，鑽之彌堅；瞻之在前，忽焉在後。」就是這種無法測之的境界。這是人我合一，人物合一之境界，沒有對立，沒有隔閡，沒有衝撞，孫子說：「必以全爭於天下，故兵不頓而利可全。」就是這種境界。

## ❖ 求全是愛的力量

司馬遷在〈太史公自序〉中說：「非信廉仁勇不能傳兵論劍。」司馬遷認為孫子的兵法是建立在信、廉、仁、勇的人性美德之上。也就是說要探討孫子的求全思想，要從人性當中去找答案。司馬遷是第一個從這個角度看孫武的人，他是孫武的知音。

沒有愛，不成世界。心中只有仇恨的人，不能看到和平的曙光，愛不能當武器，卻是最有力量。記得恐怖主義攻擊法國足球場的那一幕，所有人都拚命往外逃，這時候有一個人唱起了法國國歌〈馬賽曲〉，頓時大家放慢了腳步，一起高唱〈馬賽曲〉，整個緊張的氣氛一下子緩和下來，這一幕讓我們看到有一種力量是可以超越恐怖主義，可以克服人類內心恐懼的，那就是愛。

二〇一六年八月，敘利亞內戰，有一個稚嫩的臉龐流著鮮血，額頭受傷，全身佈滿灰塵，叫奧姆蘭（Omran Daqneesh）的小男孩，坐在急救車上，用手不斷地擦拭傷口，沒有哭鬧，靜靜地低著頭的照片，讓全世界的人心都碎了，此時此刻，我們感受到的是：不忍心看到下一代不能在安全快樂的環境底下生活，這場景讓我們不安。

由導演羅貝托．貝尼尼（Roberto Benigni）自編自演的《美麗人生》（*Life Is*

*Beautiful*），是一部賺人熱淚，讓人不忍心看下去的電影，猶太集中營的生活沒有澆熄男主角對太太和兒子的愛，沒有澆熄他對人生的熱情，他為了讓兒子能夠開心度日，不要在心中留下任何的陰影，他編織了一個謊言，他告訴兒子，這只是一場遊戲，最後贏的人可以得到一輛坦克，雖然他最後沒有逃過納粹的槍口，但是他的愛所留下來的力量，早已打贏了這場戰爭，最後這句話由兒子大聲說出：「我們得了冠軍，坐著坦克回家了，我們贏了。」相較於殘暴無情的納粹，主人翁所展現的生命高度，與無止盡的愛，就像太陽出來，黑夜退去一樣的讓人鼓舞。

由史蒂芬史匹柏（Steven Spielberg）導演的《辛德勒名單》（*Schindler's List*），敘述德國納粹商人辛德勒（Oskar Schindler），拯救超過一千一百名猶太人的故事。為了拯救這些人，他花光所有的積蓄，最後德國戰敗，他的身分讓他只能選擇逃亡，那些被他拯救的猶太人聯名為他伸冤，其中一個猶太人用他的金牙打造了一枚戒指，上面刻著猶太人的格言：「拯救一個人的性命，就是拯救整個世界。」辛德勒深受感動，也甚感羞愧，他覺得自己的生活太揮霍了，他本來可以拯救更多人，譬如他的金質勳章、車都可以變賣，可以多拯救一些人。

是什麼力量讓辛德勒做出這樣的選擇？史蒂芬史匹柏在黑白片中穿插了一個紅衣女

孩，他讓這個女孩的紅色代表人性中最亮的一點，但是這麼顯而易見的人性光輝，大家竟然可以視而不見，所以大導演決定把它帶進電影裡面來，一來解開辛德勒願意以德國納粹的身分拯救受苦的猶太人的原因，也是史蒂芬史匹柏對當時盟軍袖手旁觀的不諒解，史蒂芬史匹柏說：「一抹色彩，代表著希望的一串光芒。」這種對比，更顯示出辛德勒的不凡，但也提醒我們：這最不凡的本性卻是我們大家都擁有而且顯而易見的，人類卻漠視了它，如果我們能重視它，像納粹，像這些政客就不會再出現在我們的眼前，而更多的辛德勒也會出現在我們的周遭。

孫子「求全不戰」最深層的意義，就是這麼一點顯而易見的人性，但人類在長期以來習慣對立的環境中成長，已經慢慢淡忘這點可貴的火種，最簡單的事情變得最困難，最平常的觀念，卻成為不可能實現的幻想，這是我在寫這本書時最大的感慨，當大家都迷失在如何在對抗中取勝的激情當中時，是否該冷靜下來想一想，人生最可貴的是不戰，是去感受那一點人性最珍貴的愛。

愛讓我們堅強，讓我們化解彼此的對立，讓我們感受生命的一體感，讓我們在愛的不安不忍之下，發揮我們的潛能，點亮生命的光芒，照耀這個不太完美的世界，這就是《孫子兵法》的最深層意義。

## 兵法快遞

愛不能當武器，卻最有力量。

國家圖書館出版品預行編目資料

人生無極限，孫子兵法打造你的全勝思維／吳順令作. -- 初版. -- 臺北市：商周,城邦文化出版：家庭傳媒城邦分公司發行, 2020.08
面； 公分

ISBN 978-986-477-891-1（平裝）

1. 孫子兵法 2. 成功法 3. 自我實現

177.2 109010814

# 人生無極限，孫子兵法打造你的全勝思維

作　　者／吳順令
責任編輯／程鳳儀、黃筠婷

版　　權／黃淑敏、翁靜如、邱珮芸
行銷業務／林秀津、王瑜、周佑潔
總 編 輯／程鳳儀
總 經 理／彭之琬
事業群總經理／黃淑貞
發 行 人／何飛鵬

法律顧問／元禾法律事務所 王子文律師
出　　版／商周出版
台北市中山區民生東路二段141號4樓
電話：(02) 2500-7008 傳真：(02) 2500-7759
E-mail：bwp.service@cite.com.tw
Blog：http://bwp25007008.pixnet.net/blog
發　　行／英屬蓋曼群島商家庭傳媒股份有限公司城邦分公司
台北市中山區民生東路二段141號2樓
書虫客服服務專線：(02)2500-7718・(02)2500-7719
24小時傳真服務：(02)2500-1990・(02)2500-1991
服務時間：週一至週五09:30-12:00・13:30-17:00
郵撥帳號：19863813 戶名：書虫股份有限公司
讀者服務信箱E-mail：service@readingclub.com.tw
歡迎光臨城邦讀書花園 網址：www.cite.com.tw
香港發行所／城邦（香港）出版集團有限公司
香港灣仔駱克道193號東超商業中心1樓
Email：hkcite@biznetvigator.com
電話：(852)2508-6231 傳真：(852)2578-9337
馬新發行所／城邦(馬新)出版集團 【Cite (M) Sdn. Bhd.】
41, Jalan Radin Anum, Bandar Baru Sri Petaling,
57000 Kuala Lumpur, Malaysia
電話：(603)90578822 傳真：(603)90576622
Email：cite@cite.com.my

封面設計／徐璽工作室
電腦排版／唯翔工作室
印　　刷／韋懋實業有限公司
總 經 銷／聯合發行股份有限公司 電話：(02)2917-8022 傳真：(02)2911-0053
地址：新北市231新店區寶橋路235巷6弄6號2樓

■ 2020年08月27日初版
■ 2023年11月15日初版6.3刷

Printed in Taiwan

**定價／380元**



ISBN 978-986-477-891-1